北京市教育科学"十三五"规划 2020 年度优务
"'一带一路'小语种专业课程设置研究"(CDEA202

U0584434

中东欧国家语言专业课程设置研究及其国内外语教学现状

RESEARCH ON CURRICULUM SETTING OF CENTRAL AND EASTERN EUROPEAN
LANGUAGE MAJORS AND CURRENT SITUATION OF FOREIGN LANGUAGE TEACHING
IN CENTRAL AND EASTERN EUROPEAN COUNTRIES

蒋 璐 高晶一 编著

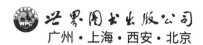

世界图书出版公司

广州·上海·西安·北京

图书在版编目（CIP）数据

中东欧国家语言专业课程设置研究及其国内外语教学

现状 / 蒋璐, 高晶一编著. — 广州 : 世界图书出版广东有限

公司, 2024. 12. — ISBN 978-7-5232-1966-9

Ⅰ. H09

中国国家版本馆CIP数据核字第2024F46N02号

书　　　名：中东欧国家语言专业课程设置研究及其国内外语教学现状

ZHONGDONG'OU GUOJIA YUYAN ZHUANYE KECHENG SHEZHI YANJIU JIQI GUONEI WAIYU JIAOXUE XIANZHUANG

编　　著　蒋　璐　高晶一

策划编辑　程　静

责任编辑　王鸿仪

装帧设计　郑妍妞

责任技编　刘上锦

出版发行　世界图书出版有限公司　世界图书出版广东有限公司

地　　址　广州市海珠区新港西路大江冲25号

邮　　编　510300

电　　话　020-84184026　84453623

网　　址　http://www.gdst.com.cn

邮　　箱　wpc_gdst@163.com

经　　销　各地新华书店

印　　刷　广州小明数码印刷有限公司

开　　本　787 mm × 1 092 mm 1/16

印　　张　12.75

字　　数　184千字

版　　次　2024年12月第1版　2024年12月第1次印刷

国际书号　ISBN 978-7-5232-1966-9

定　　价　58.00元

前　言

　　在全球化深入发展以及"一带一路"倡议稳步推进的大背景下，非通用语人才的培养对我国在国际交流合作中扮演重要角色有着深远影响。中东欧国家与我国在政治、经济、文化等多领域的交流日益紧密，对中东欧国家语言专业人才的需求也在持续攀升。在此形势下，对中东欧国家语言专业课程设置展开深入研究，并全面了解其国内外语教学现状，具有重要的现实意义。

　　北京第二外国语学院是新中国成立后最早设置中东欧国家非通用语种的教学单位之一。1965—1972 年开设有波兰语、捷克语、匈牙利语、塞尔维亚语、罗马尼亚语、保加利亚语和阿尔巴尼亚语七个语种专业，为国家培养的一批毕业生在国防、外交、经贸、新闻、旅游、科研、教育等领域取得不俗业绩。学校配合国家外交新战略，2015 年至 2017 年复建或新建波兰语、捷克语、拉脱维亚语、匈牙利语、爱沙尼亚语、立陶宛语、塞尔维亚语、罗马尼亚语、阿尔巴尼亚语、保加利亚语、斯洛伐克语和斯洛文尼亚语共计 12 个中东欧语言专业，其中拉脱维亚语、爱沙尼亚语和立陶宛语 3 个专业实现国内最早招收培养本科生。此举既是基于服务国家"一带一路"战略的现实考量，也是对建校之初曾开非通用语专业传统的延续和弘扬。多年来，北京第二外国语学院在中东欧国家语言的专业建设方面取得一定进展。

　　北京第二外国语学院欧洲学院有关教师将目光聚焦于世界多国开展有关语言人才培养的情况，期望通过分析与比照探寻可为我国所用的宝贵经验及有效做法，进而推动我国"一带一路"相关语种的专业发展。在研究过程中，教师团队紧跟时代发展潮流，在研究内容中创新性地增加了课程思政、新文科等维度。课程思政维度的融入，旨在使语言教学与思想政治教育有机融合，培养学生正确的价值观和家国情怀，确保培养出的人才不仅具备扎实的语言能力，更拥有坚定的政治立场和高尚的道德品质。新文科维度的引入，则是顺应学科交叉融合的趋势，打破传统文科界限，促进中东欧国家语言专业与其他学科的深度融合，培养具有跨学科思维和综合素养的复合型人才。

本书内容分为上、下两篇。上篇包含 7 篇论文，主要聚焦于中东欧国家语言在外国的教学现状。通过对不同国家和地区关于中东欧国家语言教学的深入剖析，包括教学方法、课程体系、师资力量等方面，全面呈现这些语言在国际教育领域的传播与发展态势，为我国开展中东欧国家语言教学提供国际视野下的参考。下篇的 5 篇论文则着重研究中东欧国家国内外语教学现状，解析中东欧国家在开展外语教学时的政策导向、教学特点以及面临的挑战等，探寻其在多语言环境下开展外语教育的成功经验与应对策略，为我国外语教育改革与发展提供有益借鉴。

希望本书的研究成果能够为我国中东欧国家语言专业的课程设置优化提供科学依据，为相关专业人才培养质量的提升贡献力量，同时也为我国外语教育领域的改革与发展提供新的思路和方向，助力我国在"一带一路"建设中更好地开展与中东欧国家的交流与合作。

本书得到了北京市教育科学"十三五"规划 2020 年度优先关注课题"一带一路小语种专业课程设置研究"（CDEA2020015）项目的资助。这一项目资助为研究提供了坚实的支持，确保研究得以系统、深入地开展。

编　者

2024 年 12 月

目 录 ▷
CONTENTS

上篇

中东欧国家语言专业课程设置研究

爱沙尼亚语作为外语的高等教育专业或课程设置研究

高晶一 ①

摘要：爱沙尼亚语是爱沙尼亚共和国的唯一官方语言和欧盟的 24 种官方语言之一。如今，在爱沙尼亚之外，瑞典、芬兰、波兰、法国、匈牙利、英国、美国、奥地利、加拿大、立陶宛、德国、俄罗斯、拉脱维亚、捷克、意大利、乌克兰、中国共计 17 国也有爱沙尼亚语作为外语的高等教育专业或课程。本文概览爱沙尼亚以外 17 国的爱沙尼亚语高等教育，其中重点研究芬兰、法国、美国、中国 4 国的情况，从历史沿革、专业级别、师资配备、学生规模、课程设置等方面具体分析，归纳总结各国爱沙尼亚语高等教育的经验教训，为有关小语种课程设置研究提供参考。

关键词：爱沙尼亚语、高等教育、专业课程设置

1. 引言

爱沙尼亚语是爱沙尼亚共和国的唯一官方语言和欧盟的 24 种官方语言之一，母语人口约 100 万。爱沙尼亚共和国位于欧洲东北部，根据欧盟官方划分属于北部欧洲国家 ②，面积 4.5 万平方公里，人口 137.5 万（2024 年数据 ③，包含国内俄罗斯族、乌克兰族等非爱沙尼亚语母语人口），人

---

① 作者：高晶一，男，（爱沙尼亚）塔尔图大学博士，北京第二外国语学院教授、欧洲学院北部（波兰—拉脱维亚—爱沙尼亚—立陶宛）系系主任兼爱沙尼亚语教研室主任。

② "EU Vocabularies: Northern Europe", Europa.eu.[https://op.europa.eu/en/web/eu-vocabularies/concept/-/resource?uri=http://eurovoc.europa.eu/911]

③ "Avaleht", Stat.ee. [https://www.stat.ee/]

均国内生产总值 29823.7 美元（2023 年）[①]，是新欧盟国家以及中东欧国家中人均经济水平最高的国家之一。爱沙尼亚以外，因为近现代移民原因，爱沙尼亚母语人口在芬兰、瑞典、美国和加拿大等国还有较多分布。

爱沙尼亚语近似芬兰语，属于乌拉尔语系（旧称芬兰乌戈尔语系，同语系的主要语种还有匈牙利语、拉普兰语和萨摩耶语言等），起源于东方，与汉语有共同的语源[②]。以爱沙尼亚首都塔林地区的视角为基准，爱沙尼亚北部有史以来历经丹麦（1219—1346）、德意志（1346—1561）、瑞典（1561—1721）、俄罗斯（1721—1918）、爱沙尼亚（1918—[③] 今）共计 5 个朝代时代，即独立前先后从属丹麦、德意志、瑞典和俄罗斯。以爱沙尼亚文教之都塔尔图地区的视角为基准，爱沙尼亚南部有史以来历经德意志（1210—1561）、波兰立陶宛（1561—1629）、瑞典（1629—1721）、俄罗斯（1721—1918）、爱沙尼亚（1918 至今）共计 5 个朝代时代，即独立前先后从属德意志、波兰立陶宛、瑞典和俄罗斯。爱沙尼亚 2004 年加入欧盟和北约，2007 年加入申根区，2011 年启用欧元。

1803 年，俄罗斯帝国立窝尼亚省内[④] 的塔尔图大学设立爱沙尼亚语芬兰语教研室并开设爱沙尼亚语课程，这是爱沙尼亚语高等教育专业或课程之始。如今，在爱沙尼亚之外，瑞典、芬兰、法国、英国、美国、俄罗斯和中国等 17 国也有爱沙尼亚语作为外语的高等教育专业或课程。本文概览爱沙尼亚以外 17 国的爱沙尼亚语作为外语的高等教育，重点研究芬兰、

---

① "Estonia", Worldbank.org. [https://data.worldbank.org/country/estonia?view=chart]

② 高晶一：《汉语与乌拉尔语言同源关系概论》，张维佳主编：《地域文化与中国语言》，北京：商务印书馆，2014 年。高晶一：《等韵对应证明汉语乌拉尔语言同源》，《欧洲社会与语言研究》2023 年第 1 辑。李辉、金雯俐：《人类起源和迁徙之谜》，上海：上海科技教育出版社，2020 年，第 105—107 页。

③ 根据爱沙尼亚方面的历史认识，独立爱沙尼亚时代其中 1940—1941 年及 1944—1991 年被苏联占领，1941—1944 年被纳粹德国占领。根据联合国方面的历史认识，爱沙尼亚 1940—1991 年曾是属于苏联的加盟共和国——爱沙尼亚苏维埃社会主义共和国，其中 1941—1944 年被纳粹德国占领。

④ 塔尔图等今爱沙尼亚南部地区当时不属于爱沙尼亚省而属于立窝尼亚省。

法国、美国、中国 4 国的情况，从历史沿革、专业级别、师资配备、学生规模、课程设置等方面具体分析，归纳总结各国爱沙尼亚语高等教育的经验教训，为有关小语种课程设置研究提供参考。

2. 材料与方法

本文以先前相关研究文献、互联网公开资料和客观事实为研究材料，主要采用文献分析方法，必要时辅以人工调研①。

本研究查阅文献时，先以爱沙尼亚语 "eesti keele eriala"（爱沙尼亚语专业）或 "eesti keele kursus"（爱沙尼亚语课程）附加 "välismaal"（在外国）或特定国家和大学的名称为关键词进行检索，然后对检索结果进行分析梳理，逐步深入检索收集全有关信息，进行相似结构的分析罗列，然后进行有系统的比较和讨论。

本研究参考到先前的有关爱沙尼亚以外某个国家的爱沙尼亚语高等教育专业或课程设置研究的文献：有关于匈牙利的②、芬兰的③、英国的④、立陶宛的⑤、奥地利的⑥、中国的⑦、俄罗斯的⑧、

---

① 感谢（爱沙尼亚）塔尔图大学 Birute Klaas-Lang 教授、（英国）伦敦大学 Lars Peter Laamaan 教授、（瑞典）乌普萨拉大学 Geda Palusen 副教授、（德国）哥廷根大学前讲师 Agu Bleive 先生、河北外国语学院教务处处长李超女士回应有关调研问题。

② Lea Kreinin: "Eesti keel ja meel madjarmaal", *Oma keel*, 2002 (2), 83–89.

③ Helle Metslang: "Eesti keele ja kultuuri õpetamisest Helsingi ülikoolis", *Oma keel*, 2007 (1), 62–66. Heli Laanekask: "Eesti keele ja kultuuri õpetamisest Oulu ülikoolis", *Lähivõrdlusi / Lähivertailuja*, 27 (1), 2017, 165–181.

④ Lea Kreinin: "Eesti keele õpetamisest Šotimaal", *Oma keel*, 2011 (1), 60–67.

⑤ Annika Hussar, Tiina Kattel, Elvira Küün: "Eesti keele ja kultuuri õpe Vilniuse ülikoolis", *Oma keel*, 2014 (2), 56–62.

⑥ Pál Deréky: «On the history of the founding of the Institute for Finno-Ugric Studies at the University of Vienna», Márta Csire, Erika Erlinghagen, Zsuzsa Gáti, Brigitta Pesti, Wolfgang Müller-Funk (eds.): *A country with characteristics: Language, literature and culture in Hungary in transnational contexts*, 19–43, Vienna: Praesens Verlag, 2015.

⑦ Ilona Tragel: "Eesti keele ja kultuuri õpetamisest Pekingi välisõpingute ülikoolis", *Oma keel*, 2015 (1), 73–78. Gao Jingyi, Shen Dahong: "Eesti keele põhierialast Hiinas", *Oma keel*, 2018 (2), 65–69.

⑧ Maarja Hein: "Ukrainas ja Venemaal eesti keelt õpetamas", *Õpetajate Leht*, 37 (2015-11-20), 16–16.

法国的 ①、乌克兰的 ② 和波兰的 ③。

3. 结果与分析

在爱沙尼亚以外，不计短期客座课程，17 个国家有爱沙尼亚语高等教育专业或课程（为方便行文，以下简称"爱沙尼亚语专业课程"）：瑞典（1901年至今）、芬兰（1923 年至今）、波兰（1932 年—1939 年，2003 年至今）、法国（1936 年至今）、匈牙利（1938 年至今）、英国（1940 年左右—今）、美国（1943 年至今）、奥地利（1974 年至今）、加拿大（1984 年至今）、立陶宛（1991 年至今）、德国（1992 年至今）、俄罗斯（1995 年至今）、拉脱维亚（不晚于 2002 年至今）、捷克（不晚于 2002 年至今）、意大利（2004 年至今）、乌克兰（2009 年至今）、中国（2010 年至今）。

下面首先重点研究芬兰、法国、美国、中国 4 国的爱沙尼亚语专业课程设置。

3.1. 芬兰

芬兰有 7 所高校有或曾有爱沙尼亚语专业课程：赫尔辛基大学、奥卢大学、图尔库大学、坦佩雷大学、于韦斯屈莱大学、约恩苏大学、瓦萨大学。

3.1.1. 赫尔辛基大学 （Helsingin yliopisto）

1）历史沿革

因为芬兰语与爱沙尼亚语接近，爱沙尼亚语属于芬兰语族（Finnic），旧称波罗的芬兰语族（Balto-Finnic），芬兰一直有较强的爱沙尼亚语教学和研究的传统。1923 年，赫尔辛基大学设立爱沙尼亚语教研室，聘任爱沙尼亚族的格吕恩涛—利达拉（Villem Grünthal-Ridala）博士为首任主任。

---

① Antoine Chalvin, Viivian Jõemets: "Eesti keele õpetamine Prantsusmaal", *Oma keel*, 2016 (1), 90–93.

② Riina Roasto: "Eesti keele ja kultuuri õpetamisest Ukrainas Lvivi ülikoolis", *Oma keel*, 2015 (2), 90–93. Heinike Heinsoo: "Lvivis eesti keelt õpetamas", *Oma keel*, 2020 (2), 72–78.

③ Lea Jürgenstein: "Eesti keel Varssavis", *Oma keel*, 2023 (1), 67–71.

1960 年代起，芬兰与苏联签约合作，互相选派语言教师。1977 年增设爱沙尼亚文学文化讲师岗位，1989 年增设爱沙尼亚语客座教授岗位。1994 年发展形成爱沙尼亚语主修方向。

1999 年，赫尔辛基大学因财政困难首次停止新聘爱沙尼亚语客座教授。2000 年，在芬兰国家政府资助下才恢复聘用。2020 年起又停止聘用爱沙尼亚语客座教授。同期，爱沙尼亚语主修方向降格为"芬兰乌戈尔语言与文化（Suomalais-ugrilaiset kielet ja kulttuurit）"主修方向中的一个模块，属于"本土语言与文化大专业（Kotimaisten kielten ja kirjallisuuksien kandiohjelma）"。本大专业属于"芬兰乌戈尔及北欧系（Suomalais-ugrilainen ja pohjoismainen osasto）"[①]，本系属于"人文学院（Humanistinen tiedekunta）"。

2）师资力量

本校本语种现有专任教师 2 人：Sigrid Kaasik-Krogerus，讲师；Annekatrin Kaivapalu，讲师。另外，本校芬兰语族教授格吕恩涛（Riho Grünthal）（爱沙尼亚族）也讲授爱沙尼亚语相关课程。

本校本语种历任教师：Villem Grünthal（1923—1941 年在职）、Juhan Käosaar（1944—1945 年在职）、Eeva Niinivaara（1945—1969 年在职）、Ago Künnap（1969—1971 年、1985—1989 年、1990—1991 年在职）、Helga Laanpere（1971—1975 年、1979—1981 年在职）、Jaak Peebo（1974—1976 年在职）、Eduard Vääri（1974—1976 年在职）Herbert Kaselo（1978—1979 年在职）、Tõnu Seilenthal（1979—1981 年在职）、Haldur Õim（1981—1984 年在职）、Hoide Sikk（1981—1983 年在职）、Ants Järv（1983—1985 年在职）、Toivo Kuldsepp（1984—1988 年在职）、Tiit Kukk（1988—1989 年在职）、Ele Süvalep (Lõhmus)（1989—1992 年、1996—2000 年

① "Suomalais-ugrilainen ja pohjoismainen osasto", Helsinki.fi. [https://researchportal.helsinki.fi/fi/organisations/department-of-finnish-finno-ugrian-and-scandinavian-studies]

在职）、Birute Klaas（1991—1995 年在职）、Tiit Hennoste（1992—1996年、2004—2008 年在职）、Helle Metslang（1995—2000 年在职）、Mart Velsker（2000—2004 年 在 职）、Aino Laagus（2000—2004 年 在 职）、Kersti Lepajõe（2004–2008 年在职）、Pire Teras（2008—2012 年在职）、Kristiina Praakli（2013—2018 年在职）、Helen Plado（2018—2021 年在职）、Sigrid Kaasik-Krogerus（2019 年至今在职）、Annekatrin Kaivapalu（2022年至今在职）。

本校本语种历任客座教授：Tiit-Rein Viitso（1989—1991 年在职）、Mati Erelt（1991—1995 年在职）、Reet Kasik（1995—1999 年，2007—2009 年在职）、Karl Pajusalu（2001—2003 年，2011—2012 年在职）、Helle Metslang（2004—2007 年在职）、Renate Pajusalu（2009—2011 年在职）、Birute Klaas-Lang（2012—2016 年在职）、Martin Ehala（2016—2020 年在职）。

3.1.2. 奥卢大学 （Oulun yliopisto）

1）历史沿革

1967 年春季学期，奥卢大学开设爱沙尼亚语语言课程，赫尔辛基大学的爱沙尼亚语讲师到此兼职授课。同年秋季学期，奥卢大学设立爱沙尼亚语教研室，议定合作请苏联选派爱沙尼亚语专任教师，最初为初级职称级别。1972 年起，爱沙尼亚语专任教师岗位提定为中级职称级别。1987年，本校爱沙尼亚语语言课程发展成为爱沙尼亚语辅修方向。1991 年爱沙尼亚恢复独立，1992 年起本校直接从爱沙尼亚招聘本校爱沙尼亚语专任讲师。2000 年设置爱沙尼亚语讲师长久岗位。2014 年，长久岗位讲师退休，本校爱沙尼亚语辅修方向因财经困难终止。此后，较少的爱沙尼亚语课程由本校通晓爱沙尼亚语的芬兰语专业讲师讲授，归属人文学院语言文学系（Kielten ja kirjallisuuden yksikkö, Humanistinen tiedekunta）[①]。

[①] "Kielet ja kirjallisuus", Oulu.fi. [https://www.oulu.fi/fi/yliopisto/tiedekunnat-ja-yksikot/humanistinen-tiedekunta/kielet-ja-kirjallisuus]

2）师资力量

本校本语种现无专任教师，课程由本校通晓爱沙尼亚语的芬兰语专业讲师（Maria Frick）讲授。

本校本语种历任教师：Eeva Niinivaara（1967 年兼职）、Ellen Noot（1967—1968 年 在 职）、Ago Künnap（1968—1969 年 在 职）、Ülo Parbus（1969—1972 年在职）、Aino Valmet（1972—1974 年在职）、Reet Kasik（1974—1976 年在职）、Hoide Sikk（1976—1978 年在职）、Heldi Tamm（1978—1980 年在职）、Mart Mäger（1980—1983 年在职）、Jaak Peebo（1983—1984 年在职）、Peep Nemvalts（1984—1988 年在职）、Valve-Liivi Kingisepp（1988—1992 年 在 职）、Heli Laanekask（1992—2014 年在职，其中 2007—2009 年无薪休假）、Ele Süvalep（2007—2009 年在职）、Ulla Paukkunen（2014 年岗外兼课）、Maria Frick（2014 年至今岗外兼课）。

3.1.3. 其他芬兰高校

图尔库大学（Turun yliopisto）存续爱沙尼亚语辅修方向，由本校通晓爱沙尼亚语的芬兰语专业讲师讲授，归属人文学院语言及翻译系（Kieli- ja käännöstieteiden laitos, Humanistinen tiedekunta）[1]。坦佩雷大学（Tempereen yliopisto）存续爱沙尼亚语课程，由课时兼职教师讲授，归属教育学及文化学院（Kasvatustieteiden ja kulttuurin tiedekunta）语言中心（Kielikeskus）[2]。于韦斯屈莱大学（Jyväskylän yliopisto）、约恩苏大学（Joensuun yliopisto）、瓦萨大学（Vaasan yliopisto）曾有爱沙尼亚语课程，均于 2015 年之前终止。

3.2. 法国

法国仅有 1 所高校有爱沙尼亚语专业课程：法国国立东方语言文化

---

① "Viron kielen ja kulttuurin sivuaineopinnot", UTU.fi. [https://www.utu.fi/fi/yliopisto/humanistinen-tiedekunta/viron-kieli-ja-kulttuuri]

② "Kielikeskus", TUNI.fi. [https://www.tuni.fi/fi/tutustu-meihin/kielikeskus]

学院①。

法国国立东方语言文化学院 （Institut national des langues et civilisations orientales）

1）历史沿革

法国国立东方语言文化学院 1931 年设立芬兰乌戈尔教研室，聘任研究芬兰乌戈尔语言的绍瓦热（Aurélien Sauvageot）博士为教授、教研室主任，在绍瓦热教授的主张下，本教研室增设爱沙尼亚语课程。首位兼职爱沙尼亚语教师 1936 年到岗，1937 年他离岗后课程终止。第二位爱沙尼亚语教师 1938 年到岗，第二次世界大战中，他于 1946 年移居美国，本专业课程中断，之后断断续续有其他教师授课，直至 1954 年他被请回本校稳定工作到 1959 年。

1959 年，学校从瑞典招到下一位爱沙尼亚语教师，其稳定工作到 1990 年退休，此后一年内只有研究芬兰乌戈尔语系的教授教学每周一次的爱沙尼亚语语法课。1991 年爱沙尼亚恢复独立，爱沙尼亚驻法国临时代办本人兼任本校爱沙尼亚语教师。这位外交官兼教师 1994 年离职后，本专业安排在法国的爱沙尼亚留学生兼职授课，直到 1999 聘任下一位教师、副教授。

此后本专业建设有较大起色。2003 年起，爱沙尼亚的爱沙尼亚学院（Eesti Instituut）签约向本校派送爱沙尼亚语外教并承担其主要工资。2007 年，本校爱沙尼亚语专业在本校专业课程文凭方案基础上增设欧洲通用学位文凭方案。

近年，法国国立东方语言文化学院内部机构改革，爱沙尼亚语专业划入欧洲系（Département Europe），设爱沙尼亚语教研室。

2）师资力量

本校本语种现有专任教师 3 人：（1）Antoine Chalvin，教授、教研室主任；（2）Katerina Kesa，副教授；（3）Riina Roasto，讲师（爱方主资）。

---

① "Estonien", INALCO.fr. [http://www.inalco.fr/langue/estonien]

另外，本校研究芬兰乌戈尔民族学人类学的 Eva Toulouze 教授也教学爱沙尼亚有关课程。

本校本语种历任教师：Valter Niilus（1936—1937 年在职）；Aleksander Aspel（1938—1946 年，1954—1959 年在职）、Jenny Neggo-Vyssokotsky（1946—1947 年在职）、Tamara Kann-Ainsaar（1949—1951 年在职）、Pastor Ilmar Ainsaar（1951—1952 年在职）、Vahur Linnuste（1959—1990 年在职）、Malle Talvet（1991—1994 年在职，爱沙尼亚外交官兼任）、Antoine Chalvin（1994 年—1998 年，1999 年至今在职，1999 年聘为副教授，2011 年聘为教授）、Jean Pascal Ollivry（1998—1999 年在职）、Krista Pikkat（1999—2000 年在职）、Sigrid Kristenprun（2000—2003 年在职）、Malle Rüütli（2003—2007 年在职，爱方主资）、Katre Talviste（2007—2012 年在职，爱方主资）、Viivian Jõemets（2012—2017 年在职，爱方主资）、Katerina Kesa（2017 年至今在职）、Merit Kuldkepp（2017—2021 年在职，爱方主资）、Riina Roasto（2021 年至今在职，爱方主资）。

3）课程设置

2023 年版学士学位培养方案（3 年制，180 学分）[①]

第一学期 30 学分：爱沙尼亚语语法 I（4 学分每周 2 课时）、爱沙尼亚语阅读 I（4 学分每周 1 课时）、爱沙尼亚语书写和口语实践 I（7 学分每周 3 课时）、爱沙尼亚文化概况 I（3 学分每周 1.5 课时）、波罗的海三国社会和政治制度比较 I（3 学分每周 1.5 课时）、从欧洲或周边区域课程中选修 9 学分。

第二学期 30 学分：爱沙尼亚语语法 II（4 学分每周 2 课时）、爱沙尼亚语阅读 II（4 学分每周 1 课时）、爱沙尼亚语书写和口语实践 II（7 学分每周 3 课时）、爱沙尼亚文化概况 II（3 学分每周 1.5 课时）、波罗的海三国社会和政治制度比较 II（3 学分每周 1.5 课时）、从欧洲或周边区域课程

---

① "Estonian Licence LLCER", INALCO.fr, 2023-05-18. [http://www.inalco.fr/sites/default/files/asset/document/estonien_brochure_licence_2023-2024.pdf]

中选修 9 学分。

第三学期 30 学分：爱沙尼亚语语法 III（4 学分每周 1.5 课时）、爱沙尼亚语阅读 III（4 学分每周 1.5 课时）、爱沙尼亚语书写和口语实践 III（7 学分每周 3 课时）、波罗的海三国区域历史直至 19 世纪 I（3 学分每周 1.5 课时）、爱沙尼亚语的文学 I（3 学分每周 1.5 课时）、从欧洲或周边区域课程中选修 3 学分、从全校课程中自由选修 6 学分。

第四学期 30 学分：爱沙尼亚语语法 IV（4 学分每周 1.5 课时）、爱沙尼亚语阅读 IV（4 学分每周 1.5 课时）、爱沙尼亚语书写和口语实践 IV（7 学分每周 3 课时）、波罗的海三国区域历史直至 19 世纪 II（3 学分每周 1.5 课时）、爱沙尼亚语的文学 II（3 学分每周 1.5 课时）、从欧洲或周边区域课程中选修 3 学分、从全校课程中自由选修 6 学分。

第五学期 30 学分：爱沙尼亚语语法 V（3 学分每周 1.5 课时）、爱沙尼亚语书写和口语实践 V（4 学分每周 1.5 课时）、爱沙尼亚语翻译 I（4 学分每周 1.5 课时）、爱沙尼亚的媒体 I（4 学分每周 1.5 课时）、从欧洲或周边区域课程中选修 9 学分、从全校课程中自由选修 6 学分。

第六学期 30 学分：爱沙尼亚语语法 VI（3 学分每周 1.5 课时）、爱沙尼亚语书写和口语实践 VI（4 学分每周 1.5 课时）、爱沙尼亚语翻译 II（4 学分每周 1.5 课时）、爱沙尼亚的媒体 II（4 学分每周 1.5 课时）、从欧洲或周边区域课程中选修 9 学分、从全校课程中自由选修 6 学分。

3.3. 美国

3.3.1. 印第安纳大学 （Indiana University）

1）历史沿革

1943 年，为第二次世界大战的战时需要，印第安纳大学开设"中部欧亚语言陆军专业训练项目（Army Specialized Training Program for Central Eurasian Languages）"，含有爱沙尼亚语课程。1956 年项目改名"乌拉尔和阿尔泰学习项目（Program in Uralic and Altaic Studies）"。1965 年设立"乌拉尔和阿尔泰系（Department of Uralic and Altaic Studies）"，1993 年改名"中

部欧亚系（Department of Central Eurasian Studies）"①（当时"阿尔泰语系"已被学界多数认为不再成立）。

本系目前有爱沙尼亚语、芬兰语、匈牙利语、哈萨克语、库尔德语、吉尔吉斯语、蒙古语、波斯语、藏语、土耳其语、维吾尔语、乌兹别克语计 12 种语言的课程。各语种并不构成独立招生的专业，而属于"中部欧亚区域研究大专业（Bachelor of Arts in Central Eurasian Studies）"中的选择方向。此为西方主流的大专业分方向模式：大专业招生后，学生自选方向按照学分制完成修读。大专业有很多通开课程，方向课程才有语种之分，学生自选深度学习的方向课程构成主修方向（major）、学生自选中度学习的方向课程构成辅修方向（minor）。本系各语种有关课程常年定期开设，供本方向和非本方向的学生选择，各方向学生一同上课。本系各语种师资财政完全由印第安纳大学承担。

2）师资力量

本校本语种现有专任教师 1 名：Piibi-Kai Kivik，高级讲师。

3.3.2. 华盛顿大学 （University of Washington）

1）历史沿革

1994 年，华盛顿大学斯堪的纳维亚系（Department of Scandinavian Studies）② 在本校俄罗斯东欧及中亚研究中心的支持下开设"波罗的海区域研究项目（Baltic Studies Program）"，项目含爱沙尼亚语、拉脱维亚语、立陶宛语课程。本校的爱沙尼亚语等这三种语言的课程目前都只到辅修方向级别程度，本校各大专业所招学生可自选爱沙尼亚语辅修方向，有关课程常年不定期开设，供本方向和非本方向的学生选择，各方向学生一同上课。本系各语种师资财政由华盛顿大学承担，还建有波罗的海项目基金面向社会募捐。

---

① "Central Eurasian Studies", Indiana.edu. [https://ceus.indiana.edu/index.html]

② "Department of Scandinavian Studies", Washington.edu. [https://scandinavian.washington.edu/]

2）师资力量

本校本语种现无专任教师，波罗的海区域研究项目 1 名通任教师兼教爱沙尼亚语、拉脱维亚语和立陶宛语：Guntis Šmidchens，副教授、捐席教授。

本校本语种 1998—2010 年曾有专任教师：Kristin Kuutma（1998—2001 年在职）、Ulla Vanhatalo（2001—2003 年在职）、Mall Pesti（2003—2005 年在职）、Kristina Hyman（2006—2007 年在职），Maris Lemba（2008—2009 年在职）、Kristi Tinkus（2009—2010 年在职）。[①]

3.4. 中国

3.4.1. 北京第二外国语学院

1）历史沿革

2016 年，响应国家"一带一路"倡议，北京第二外国语学院开设爱沙尼亚语专业，聘任研究乌拉尔语言的高晶一博士为专业带头人、客座教授，初建时归中欧语学院。2017 年招收首届本科生，是为中国最早招收本科生的爱沙尼亚语专业。2018 年 12 月专业随中欧语学院并入欧洲学院[②]。2019 年 4 月正式设立爱沙尼亚语教研室，高晶一教授任主任。2020 年 12 月专业归入新设立的欧洲学院北部（波兰—拉脱维亚—爱沙尼亚—立陶宛）系，高晶一教授任系主任。2021 年本校即中国首届爱沙尼亚语专业本科生毕业获得学士学位，1 名毕业生进入外交部工作，3 名毕业生赴爱沙尼亚读研，其中 1 人毕业获得硕士学位后已返回本校任教。本专业 2021 年获批北京市级一流本科专业建设点。

2）师资力量

本校本语种现有专任教师 3 名，其中教授 1 名，外教 1 名。2016 年以来共有 7 名爱沙尼亚外教曾在此常驻工作，另外，爱沙尼亚 1 名院士、2 名教授、2 名副教授、2 名博士讲师、1 名博士所长曾到此访问讲学。

---

① "Baltic Studies Program History", Washington.edu. [https://scandinavian.washington.edu/baltic-studies-program-history]

② 《欧洲学院》，BISU.edu.cn。[https://xiouyu.bisu.edu.cn/]

本校本语种历任教师：高晶一（2016 年至今在职、报备开办专业带头人、2016—2019 年任客座教授、2019—2022 年任特聘教授、2022 年至今任教授）、Aile Laats（2017 年在职）、Aurika Komsaare（2017—2019 年在职）、Külli Saia（2017—2020 年在职）、Agu Bleive（2019—2020 年在职）、Marii Kivi（2020—2021 年在职）、Kristin Jürgenson（2021—2023 年在职，2023 年至今兼职）、Anni Arukask（2022—2023 年在职）、范明心（2023 年至今在职）。

本校本语种访问讲学专家：Raili Pool 副教授和 Maarika Teral 博士讲师（2018 年 4—5 月）、Karl Pajusalu 院士教授和 Renate Pajusalu 教授（2018 年 10 月）、Tõnu Tender 博士所长（2018 年 11 月）、Madis Arukask 教授（2019 年 5 月）、Helle Metslang 教授和 Helena Metslang 博士讲师（2019 年 12 月）。

2018 年 5 月 21 日，爱沙尼亚首都塔林市市长塔维·阿斯率团到访本校，并看望爱沙尼亚语专业师生。

由高晶一主编的世界首部爱沙尼亚语汉语词典《*Eesti-hiina põhisõnavara sõnastik* / 爱沙尼亚语汉语基础词典》2019 年由爱沙尼亚语言研究所出版。

3）招生学习

本校本专业共已招生 5 级 5 个班：

①2016 级北京市贯通培养实验项目（3 年中职 +2 年高职 +2 年专升本）1 班入学 13 人，其中男生 2 人，女生 11 人，本科毕业 9 人，完成学业率 69.23%。

②2017 级本科 1 班入学 15 人，其中男生 8 人，女生 7 人，本科毕业 15 人，完成学业率 100%。

③2018 级北京市贯通培养实验项目 1 班入学 15 人，其中男生 1 人，女生 14 人，将于 2025 年毕业。

④2020 级本科 1 班入学 16 人，其中男生 3 人，女生 13 人，本科毕业 16 人，完成学业率 100%。

⑤2024 级本科 1 班入学 12 人，其中男生 3 人，女生 9 人，将于 2028

年毕业。

本校与爱沙尼亚塔尔图大学、塔林大学签有合作协议。2016 级北京市贯通培养实验项目 1 班 12 人赴爱沙尼亚塔尔图大学留学一学年以上。2017 级本科 1 班全体 15 人在 2019—2020 学年分赴爱沙尼亚塔尔图大学、塔林大学留学一学年，其中 13 人获得国家留学基金管理委员会奖学金（均为全额奖学金）。2018 级北京市贯通培养实验项目 1 班 13 人赴爱沙尼亚塔尔图大学留学一学年以上。2020 级本科 1 班 13 人在 2022—2023 学年赴爱沙尼亚塔尔图大学留学一学年，全部 13 人获得国家留学基金管理委员会奖学金（均为全额奖学金）。

本专业 4 个班入学毕业和留学人数数据汇总于表 1。

表 1　北京第二外国语学院爱沙尼亚语专业班级数据（单位：人）

	入学	男	女	出国交流	获留基委奖学金	本科毕业
2016 级贯	13	2	11	12	--	9
2017 级本	15	8	7	15	13	15
2018 级贯	15	1	14	13	--	未到毕业年
2020 级本	16	3	13	13	13	16
2024 级本	12	3	9	未到出国年	未到出国年	未到毕业年
合计	71	17	54	53	26	40

3.4.2. 北京外国语大学

1）历史沿革

2010 年，作为与中方孔子学院在爱沙尼亚开办教学汉语的对等交换合作，爱方爱沙尼亚学院出资聘派爱沙尼亚外教到北京外国语大学教学爱沙尼亚语，该外教还能得到北京外国语大学的工资。本校当时已报备开设爱沙尼亚语专业，归属欧洲语言文化学院[①]，但爱沙尼亚语专业课程长期仅

[①] 欧洲语言文化学院，BFSU.edu.cn。[https://europe.bfsu.edu.cn/]

作为本校其他专业本科生培养方案中的第三外语教学，直至 2022 年首次招收本科生。

2）师资力量

本校本语种现有专任教师 3 名，其中外教 1 名。2010 年以来共有 6 名爱沙尼亚外教曾在此常驻工作。

本校本语种历任教师：Katrin Jänese（2010—2011 年在职）、Inga J. Isabel Adamson（2011—2014 年在职）、张甜（2012 年至今在职）、Ilona Tragel（2014—2018 年在职）、Helena Metslang（2018 年—2020 年在职）、Külli Saia（2020—2023 年在职）、Agu Bleive（2023 年至今在职）、于偲彤（2023 年至今在职）。

3）招生学习

本校本专业共已招生 1 级 1 个班：

2022 级本科 1 班入学 9 人，其中男生 4 人，女生 5 人，将于 2026 年毕业。

3.4.3. 河北外国语学院

2017 年，响应国家"一带一路"倡议，河北外国语学院开设爱沙尼亚语课程，聘用外教 1 名，安排本校当年招生的其他专业部分学生复合学习爱沙尼亚语。2018 年，外教因工作纠纷离职，本校停办爱沙尼亚语课程。

4. 比较与讨论

爱沙尼亚以外 17 个国家的爱沙尼亚语专业课程建设情况汇总于表 2。

表 2　爱沙尼亚以外爱沙尼亚语高等教育专业建设情况

国家	高校	开始	终止	最大课程级别	岗位	最高职称
瑞典	乌普萨拉大学	1901	存续	必修模块	2	副高
芬兰	赫尔辛基大学	1923	存续	必修模块主修方向（1994—2020）	1 3	中级 正高

（续表）

国家	高校	开始	终止	最大课程级别	岗位	最高职称
芬兰	奥卢大学	1967	存续	必修模块辅修方向（1987—2014） 必修模块（2014—）	1 1 0.5	中级 中级 中级
	图尔库大学	<2002	存续	辅修方向	0	——
	坦佩雷大学	<2002	存续	选修课程	0	——
波兰	华沙大学	1932	存续	选修课程（1932—1939） 必修模块（2003—）	1	中级
	雅盖隆大学	1996	存续	必修模块	1	中级
法国	国立东方语言文化学院	1936	存续	证书课程（1936—） 招生专业（2007—）	3+1	正高
匈牙利	罗兰大学	1938	存续	主修方向（2002—）	1	中级
英国	伦敦大学（UCL）	不明	存续	选修课程	0.5	兼职专家
美国	印第安纳大学	1943	存续	主修方向	1	副高
	华盛顿大学	1994	存续	辅修方向	0.3	副高
奥地利	维也纳大学	1974	存续	必修模块	1	初级
加拿大	多伦多大学	1984	存续	选修课程（1984—） 辅修方向（？—2022）	0.1	正高
立陶宛	维尔纽斯大学	1991	存续	选修课程（1991—） 主修方向（2004—）	1	中级
德国	慕尼黑大学	1992	存续	选修课程	1	中级
	哥廷根大学	<2002	2018	选修课程	1	中级
	格赖夫斯瓦尔德大学	<2002	存续	选修课程	1	中级
俄罗斯	莫斯科国际关系学院	1995	存续	主修方向	1	中级

（续表）

国家	高校	开始	终止	最大课程级别	岗位	最高职称
俄罗斯	圣彼得堡大学	2002	2022	选修课程（2002—2007）招生专业（2007—2022）	1 2	中级 中级
拉脱维亚	拉脱维亚大学	<2002	存续	必修模块	1	中级
捷克	布拉格大学	<2002	2009	选修课程	1	中级
	马萨里克大学	2009	存续	选修课程	1	中级
意大利	博洛尼亚大学	2004	存续	选修课程	1	中级
	罗马第三大学	2018	存续	选修课程	1	中级
乌克兰	利沃夫大学	2009	存续	选修课程	1	中级
中国	北京外国语大学	2010	存续	选修课程（2010—）招生专业（2022—）	2 3	中级 中级
	北京第二外国语学院	2016	存续	招生专业（2017—）	3	正高
	河北外国语学院	2017	2018	必修模块	1	外教

4.1. 外国类型

目前 17 个有爱沙尼亚语专业课程的外国分为 4 个类型。

1）联合国 5 个常任理事国：中国、美国、英国、法国、俄罗斯

联合国 5 个常任理事国多出于自身的国际方略需求开设爱沙尼亚语专业课程，美国的爱沙尼亚语高教始于二战时军事专业训练项目，英国和俄罗斯的爱沙尼亚语高教始于其本国国家安全情报项目。五国的爱沙尼亚语高教财政稳定、发展平稳。

2）与爱沙尼亚渊源较深的欧洲国家：瑞典、芬兰、拉脱维亚、立陶宛、

奥地利、匈牙利

这些国家与爱沙尼亚渊源较深，多出于地缘关系，热情开设爱沙尼亚语专业课程。但受影响于本国财政形势，存在大起大落的情况。最高峰时，2002 年匈牙利有 4 所高校教习爱沙尼亚语[①]，目前仅剩 2 所[②]。2002 年芬兰有 7 所高校教习爱沙尼亚语，目前仅剩 4 所，其中仅 1 所有专任教师。立陶宛开设了联合招生方向"立陶宛语与外语（爱沙尼亚语）"，但发展断断续续。

3）与爱沙尼亚关系较多的欧洲国家：波兰、德国、捷克、意大利、乌克兰

这些国家与爱沙尼亚关系较多，多出于双边关系，友情开设爱沙尼亚语高等教育课程，课程规模都较小，维持象征意义，不温不火，没有发展专业。

4）爱沙尼亚裔移民较多的国家：加拿大

加拿大的爱沙尼亚语高等教育主要是本国爱沙尼亚裔移民主张开设的，财政由本国爱沙尼亚裔移民团体资助，发展并不稳定。

另外，下列国家的高校曾有爱沙尼亚语专业课程，现已关停：

荷兰格罗宁根大学、日本东京大学、瑞典斯德哥尔摩大学、德国汉堡大学、基尔大学、美因茨大学、匈牙利松博特海伊大学、德布勒森大学、米什科尔茨大学、俄罗斯马里埃尔国立大学、瑟克特夫卡尔国立大学、普斯科夫国立大学。

综上情况讨论认为，联合国 5 个常任理事国有能力且有必要建设爱沙尼亚语专业。其他国家无论曾经多么重视，都难以维系爱沙尼亚语专业建设，例如芬兰。

[①] "Eesti keel saab õppida 15 välisriigis", DELFI.ee, 2002-06-04.[https://epl.delfi.ee/artikkel/50925643/eesti-keelt-saab-oppida-15-valisriigis]

[②] "Eesti keele ja kultuuri akadeemiline välisõpe (EKKAV)", Harno.ee. [https://www.harno.ee/stipendiumid-ja-toetused/korgharidusvaldkonna-toetused/eesti-keele-ja-kultuuri-akadeemiline]

4.2. 启动主因

1）所在方主张：瑞典乌普萨拉大学、芬兰赫尔辛基大学、奥卢大学、图尔库大学、坦佩雷大学、于韦斯屈莱大学、约恩苏大学、瓦萨大学、法国国立东方语言文化学院、英国伦敦大学、波兰华沙大学、克拉科夫大学、匈牙利罗兰大学、美国印第安纳大学、奥地利维也纳大学、德国慕尼黑大学、哥廷根大学、格赖夫斯瓦尔德大学、俄罗斯莫斯科国际关系学院、意大利博洛尼亚大学、罗马第三大学、中国北京第二外国语学院、河北外国语学院。

2）所在方与爱沙尼亚的交换主张：立陶宛维尔纽斯大学、俄罗斯圣彼得堡国立大学、拉脱维亚拉脱维亚大学、捷克布拉格大学、马萨里克大学、乌克兰利沃夫大学、中国北京外国语大学。

3）当地爱沙尼亚族群主张：美国华盛顿大学、加拿大多伦多大学。

综上情况讨论认为，多数爱沙尼亚语专业是由所在方主张启动的，爱沙尼亚语专业在世界上还具有一定热度，主要因为爱沙尼亚是个经济发展较好的欧洲国家。

4.3. 爱沙尼亚方面师资的介入

1）未接受爱沙尼亚方面师资：瑞典乌普萨拉大学、英国伦敦大学、匈牙利罗兰大学、美国印第安纳大学、华盛顿大学、奥地利维也纳大学、加拿大多伦多大学、德国慕尼黑大学、俄罗斯莫斯科国际关系学院、意大利博洛尼亚大学、罗马第三大学、中国北京第二外国语学院、河北外国语学院。

2）发展之中接受爱沙尼亚方面师资：芬兰赫尔辛基大学、法国国立东方语言文化学院、波兰华沙大学、立陶宛维尔纽斯大学、德国哥廷根大学、格赖夫斯瓦尔德大学、拉脱维亚拉脱维亚大学、捷克布拉格大学。

3）发展之初接受爱沙尼亚方面师资：俄罗斯圣彼得堡国立大学、捷克马萨里克大学、乌克兰利沃夫大学、中国北京外国语大学。

综上情况讨论认为，半数爱沙尼亚语专业未接受爱沙尼亚方面师资，半数爱沙尼亚语专业接受爱沙尼亚方面师资。爱沙尼亚方面师资是对爱沙尼亚语专业或课程的有力支持，但更多分布于象征意义的爱沙尼亚语课程。

4.4. 关停原因

1）所在方财政困难：芬兰于韦斯屈莱大学（2015 年之前终止）、约恩苏大学（2015 年之前终止）、瓦萨大学（2015 年之前终止）。

2）爱方改换合作大学，所在方无本土师资：捷克布拉格大学（2009年终止，爱方改与马萨里克大学合作）、德国哥廷根大学（2018 年终止，爱方改与格赖夫斯瓦尔德大学合作）。

3）爱沙尼亚外教因工作纠纷离职，所在方无本土师资：河北外国语学院（2018 年终止）。

4）双边关系紧张，所在方无本土师资：俄罗斯圣彼得堡国立大学（2022年终止，俄乌冲突导致爱沙尼亚与俄罗斯双边关系紧张）。

综上情况讨论认为，无本土师资的爱沙尼亚语专业课程更有可能关停，此类 4 所高校（捷克布拉格大学、德国哥廷根大学、俄罗斯圣彼得堡国立大学、河北外国语学院）爱沙尼亚语专业课程关停。

4.5. 本土师资的重要性

法国国立东方语言文化学院尽管自身财政稳定，但因为缺少本土师资，其爱沙尼亚语课程曾于 1937—1938 年、1947—1949 年、1952—1954 年、1990—1991 年四次中段。1994 年博士毕业的本土讲师（Antoine Chalvin）1998 年出国交流，1999 年被回聘为副教授，从此本专业得以稳定发展。

4.6. 归属结构

1）归属"芬兰乌戈尔"或"乌拉尔"名义的分组单位：

瑞典乌普拉萨大学当初：芬兰乌戈尔系（Finsk-ugriska institutionen）。

芬兰赫尔辛基大学当初：芬兰乌戈尔系；如今：人文学院芬兰乌戈尔及北欧系。

法国东方语言文化学院当初：芬兰乌戈尔教研室。

匈牙利罗兰大学：人文学院匈牙利语言学及芬兰乌戈尔系芬兰乌戈

尔 教 研 室（Bölcsészettudományi Kar, Magyar Nyelvtudományi és Finnugor Intézet, Finnugor Tanszék）①。

美国印第安纳大学 1965—1993 年：乌拉尔和阿尔泰系。

奥地利维也纳大学：语言文化学院欧洲和比较语言及文学系芬兰乌戈尔教研室（Finno-Ugristik, Institut für Europäische und Vergleichende Sprach- und Literaturwissenschaft, Philologisch-Kulturwissenschaftliche Fakultät）②。

拉脱维亚拉脱维亚大学：人文学院芬兰乌戈尔中心（Somugristikas centrs, Humanitāro zinātņu fakultāte）③。

2）归属"北欧"或讲究归属"斯堪的纳维亚"名义的分组单位：

芬兰赫尔辛基大学如今：人文学院芬兰乌戈尔及北欧系。

俄罗斯莫斯科国际关系学院：国际关系学院北欧及波罗的语言系（Кафедра языков стран Северной Европы и Балтии, Факультет международных отношений）④。

北京第二外国语学院如今：欧洲学院北部系。

美国华盛顿大学：斯堪的纳维亚系。

立陶宛维尔纽斯大学：语文学院斯堪的纳维亚中心（Skandinavistikos centras, Filologijos fakultetas）⑤。

归属"北欧"名义分组单位是恰当的，因为爱沙尼亚属于北部欧洲。但归属"斯堪的纳维亚"名义分组单位就不恰当了，因为斯堪的纳维亚只包括丹麦、瑞典和挪威三国。将就归属"斯堪的纳维亚"名义分组单位一

---

① "Finnugor Tanszék", ELTE.hu. [https://www.btk.elte.hu/szervezetek/122/finnugor-tanszek]

② "Finno-Ugristik", UNIVIE.ac.at. [https://finno-ugristik.univie.ac.at/]

③ "Somugristikas centrs", LU.lv. [https://www.somugriunskandinavi.lu.lv/somugristikas-centrs/]

④ "Кафедра языков стран Северной Европы и Балтии", MGIMO.ru. [https://mgimo.ru/study/faculty/mo/kscand/]

⑤ "Skandinavistikos centras", VU.lt. [https://www.flf.vu.lt/institutai/bkki/struktura/sc]

般因为那里先开设了丹麦、瑞典或挪威语，后来通过他们的学术人际关系增设了爱沙尼亚语。

3）将就归属"匈牙利"名义的分组单位：

波兰华沙大学：新语文学院匈牙利学系芬兰语教研室（Pracownia Finlandystyki, Katedra Hungarystyki, Wydział Neofilologii）①。

波兰雅盖隆大学：语文学院匈牙利语文系（Zakład Filologii Węgierskiej, Wydział Filologiczny）②。

这种情况出现在波兰，因为波兰与匈牙利的关系更密切，先开设了匈牙利语课程，匈牙利语的教师都学过芬兰乌戈尔语言学、芬兰语和爱沙尼亚语，后来增设芬兰语、爱沙尼亚语的任务就交给了"匈牙利"名义的分组单位。

4）将就归属"斯拉夫"或"东欧"名义的分组单位：

英国伦敦大学：斯拉夫及东欧学院（School of Slavonic and East European Studies）。

加拿大多伦多大学：斯拉夫语言文学系（Department of Slavic Languages and Literatures）。

出现这种情况的高校一般先开设俄罗斯语、波兰语，而后通过俄罗斯语和波兰语教师的学术人际关系增设了爱沙尼亚语。这种将就归属并不合理，爱沙尼亚语并不属于斯拉夫语言，爱沙尼亚方面不喜欢把自己归属东欧。

5）归属"欧洲"名义的分组单位：

法国国立东方语言文化学院如今：欧洲系。

北京外国语大学：欧洲语言文化学院。

北京第二外国语学院如今：欧洲学院。

---

① "Eesti", UW.edu.pl. [http://finlandystyka.wn.uw.edu.pl/eesti/]

② "Zakład Filologii Węgierskiej", UJ.edu.pl. [https://filg.uj.edu.pl/web/wegierska/zaklad]

6）其他

瑞典乌普萨拉大学如今：当代语言系（Institutionen för moderna språk）[①]。

美国印第安纳大学 1943—1956 年：中部欧亚项目；1993 年至今：中部欧亚系。

芬兰奥卢大学：人文学院语言文学系。

芬兰图尔库大学：人文学院语言及翻译系。

芬兰坦佩雷大学：教育及文化学院语言中心。

捷克马萨里克大学：文学院语言学及波罗的学系（Ústav jazykovědy a baltistiky, Filozofická fakulta）[②]。

北京第二外国语学院当初：中欧语学院。

综上情况讨论认为，早期的爱沙尼亚语专业归属"芬兰乌戈尔"或"乌拉尔"名义的分组单位，但如今有淡化"芬兰乌戈尔"或"乌拉尔"名义的趋势，例如：法国国立东方语言文化学院的爱沙尼亚语专业由"芬兰乌戈尔教研室"改归"欧洲系"，美国印第安纳大学的爱沙尼亚语专业由"乌拉尔和阿尔泰系"改归"中部欧亚系"。这是因为"芬兰乌戈尔"或"乌拉尔"语系本身是人为概念，不够客观牢固。多所高校的"北欧"和美国印第安纳大学的"中部欧亚"范畴比较合适，既专业又客观。

4.7. 最大课程级别

1）招生专业（specialist）：法国国立东方语言文化学院（2007 年至今）、俄罗斯圣彼得堡国立大学（2007—2022 年）、北京第二外国语学院（2017年至今）、北京外国语大学（2022 年至今）。

招生专业指单独名义招来的学生根据本专业的培养方案完成学业获得学位。

2）主修方向（major）：美国印第安纳大学、芬兰赫尔辛基大学（1994—

---

① "Institutionen för moderna språk", UU.se. [https://www.moderna.uu.se/institutionen/]

② "Ústav jazykov ě dy a baltistiky", MUNI.cz. [https://www.muni.cz/o-univerzite/fakulty-a-pracoviste/filozoficka-fakulta/211500-ustav-jazykovedy-a-baltistiky]

2020 年）、俄罗斯莫斯科国际关系学院（1995 年至今）、匈牙利罗兰大学
（2002 年至今）、立陶宛维尔纽斯大学（2004 年至今）。

主修方向指所属大专业招来的学生，自主或按计划安排选择此主修方
向，根据本方向专业的培养方案完成学业获得学位。

3）辅修方向（minor）：芬兰图尔库大学、美国华盛顿大学、加拿大
多伦多大学。

辅修方向指任何大专业招来的学生，自主选择此辅修方向，根据本方
向专业的培养方案完成学业。如果没有学生选，辅修方向就不会开课，辅
修方向的师资基本是兼职的。芬兰图尔库大学的爱沙尼亚语师资是掌握爱
沙尼亚语的芬兰语专业讲师。美国华盛顿大学的爱沙尼亚语师资同时讲授
拉脱维亚语、立陶宛语和爱沙尼亚语。加拿大多伦多大学的爱沙尼亚语辅
修方向因长期没有足够多的学生选取已于 2022 年终止。

4）必修模块（mandatory module）：

芬兰赫尔辛基大学、奥卢大学将爱沙尼亚语课程设为芬兰语专业的必
修模块之一。瑞典乌普萨拉大学、匈牙利罗兰大学、奥地利维也纳大学、
拉脱维亚拉脱维亚大学将爱沙尼亚语课程设为芬兰乌戈尔语言学专业的必
修模块之一。波兰华沙大学、雅盖隆大学将爱沙尼亚语课程设为匈牙利语
专业的必修模块之一。这是在认可亲属民族关系的基础上，将爱沙尼亚语
知识纳入周边知识体系的处理。

河北外国语学院 2017—2018 年开设爱沙尼亚语课程时实施创新，安
排当年入学的部分学生以"专业＋外语"模式，必加爱沙尼亚语课程，其
实质也是一种必修模块。

5）选修课程：所有其他高校的爱沙尼亚语课程都是选修课程，基本上是
供各专业学生自主自由选修。这是小成本维持爱沙尼亚语课程存在的基本方案。

4.8. 岗位数

1）3 个及以上

法国东方语言文化学院的爱沙尼亚语专业课程当今有 4 名教师，其中

1 名兼任其他专业岗位。芬兰赫尔辛基大学、中国北京第二外国语学院和北京外国语大学的爱沙尼亚语专业课程当今有 3 名教师。

2）2 个

瑞典乌普萨拉大学（当今）和俄罗斯圣彼得堡大学（2007—2022 年）的爱沙尼亚语专业课程有 2 名教师。

3）1 个及以下

其他大多数高校的爱沙尼亚语专业只有 1 名教师，其中芬兰奥卢大学、英国伦敦大学、美国华盛顿大学和加拿大多伦多大学的爱沙尼亚语专业课程的唯一一名教师还兼任其他专业岗位。

综上情况讨论认为，爱沙尼亚语招生专业或主修方向需要 3 名教师，爱沙尼亚语课程的简单维持需要 1 名教师。

4.9. 最高职称

芬兰赫尔辛基大学、法国东方语言文化学院、加拿大多伦多大学、中国北京第二外国语学院有爱沙尼亚语专业教师达到正高职称。瑞典乌普萨拉大学、美国印第安纳大学、华盛顿大学有爱沙尼亚语专业教师达到副高职称。其他的大多数高校有爱沙尼亚语专业教师达到中级职称。奥地利维也纳大学的爱沙尼亚语专业教师现为初级职称。

5. 总结

本文概览爱沙尼亚以外，瑞典、芬兰、波兰、法国、匈牙利、英国、美国、奥地利、加拿大、立陶宛、德国、俄罗斯、拉脱维亚、捷克、意大利、乌克兰、中国共计 17 个国家的爱沙尼亚语高等教育专业或课程，其中重点研究了芬兰、法国、美国、中国 4 国的情况，从历史沿革、专业级别、师资配备、学生规模、课程设置等方面具体分析，还横向比较讨论了不同国家不同高校的爱沙尼亚语高等教育专业或课程，归纳总结了爱沙尼亚以外爱沙尼亚语高等教育的经验教训，为有关小语种课程设置研究提供参考。

拉脱维亚语作为外语的高等教育专业或课程设置研究

蔡　偲①　高晶一②

摘要： 拉脱维亚语是拉脱维亚共和国的唯一官方语言和欧盟的 24 种官方语言之一。如今，在拉脱维亚之外，德国、法国、美国、中国、波兰、立陶宛、爱沙尼亚、芬兰、瑞典、捷克、俄罗斯、乌克兰共计 12 国也有拉脱维亚语作为外语的高等教育专业或课程。本文概览拉脱维亚以外 12 国的拉脱维亚语高等教育，其中重点研究德国、法国、美国、中国 4 国的情况，从历史沿革、专业级别、师资配备、学生规模、课程设置等方面具体分析，归纳总结各国拉脱维亚语高等教育的经验教训，为有关小语种课程设置研究提供参考。

关键词： 拉脱维亚语、高等教育、专业课程设置

1. 引言

拉脱维亚语是拉脱维亚共和国的唯一官方语言和欧盟的 24 种官方语言之一，母语人口约 150 万。拉脱维亚共和国位于欧洲东北部，根据欧盟官方划分属于北部欧洲国家③，面积 6.5 万平方公里，人口 188.3 万（2023

---

① 作者：蔡偲，女，英国利兹大学硕士，北京第二外国语学院欧洲学院北部（波兰—拉脱维亚—爱沙尼亚—立陶宛）系拉脱维亚语教研室助教。

② 作者：高晶一，男，（爱沙尼亚）塔尔图大学博士，北京第二外国语学院教授、欧洲学院北部（波兰—拉脱维亚—爱沙尼亚—立陶宛）系主任兼爱沙尼亚语教研室主任。

③ "EU Vocabularies: Northern Europe", Europa.eu.[https://op.europa.eu/en/web/eu-vocabularies/concept/-/resource?uri=http://eurovoc.europa.eu/911]

年数据[①]，包含国内俄罗斯族、乌克兰族等非拉脱维亚语母语人口），人均国内生产总值23184.3美元（2023年）[②]。拉脱维亚以外，因为近现代移民原因，拉脱维亚母语人口在英国、美国、德国和加拿大等国还有较多分布。

拉脱维亚语接近立陶宛语，属于印欧语系（旧称印度日耳曼语系）。以拉脱维亚首都里加地区的视角为基准，拉脱维亚有史以来历经德意志（1201—1581）、波兰立陶宛（1581—1629）、瑞典（1629—1721）、俄罗斯（1721—1918）、拉脱维亚（1918—[③]今）共计5个朝代时代，即独立前先后从属德意志、波兰立陶宛、瑞典和俄罗斯。拉脱维亚2004年加入欧盟和北约，2007年加入申根区，2014年启用欧元。

拉脱维亚语作为外语教学的传统可以追溯到20世纪20年代。成体系的拉脱维亚语教学始于20世纪60年代和70年代，德国和瑞典的几所高等教育机构首先开设了拉脱维亚语课程[④]。如今，在拉脱维亚之外，波兰、捷克、德国、俄罗斯、美国和中国等12国也有拉脱维亚语作为外语的高等教育专业或课程[⑤]。本文概览拉脱维亚以外12国的拉脱维亚语作为外语的高等教育，重点研究德国、法国、美国、中国4国的情况，从历史沿革、专业级别、师资配备、学生规模、课程设置等方面具体分析，归纳总结各国拉脱维亚语高等教育的经验教训，为有关小语种课程设置研究提供参考。

---

① *Latvijas statistikas gadagrāmata 2023 Statistical Yearbook of Latvia*, Rīga: Centrālā statistikas pārvalde, 2023, 27.

② "Latvia", Worldbank.org. [https://data.worldbank.org/country/latvia?view=chart]

③ 根据拉脱维亚方面的历史认识，独立拉脱维亚时代中，国家于1940—1941年及1944—1991年被苏联占领，1941—1944年被纳粹德国占领。根据联合国方面的历史认识，拉脱维亚1940—1991年曾是属于苏联的加盟共和国——拉脱维亚苏维埃社会主义共和国，其中1941—1944年被纳粹德国占领。

④ *Latviešu valodas kā svešvalodas apguve eiropas augstskolās*, Valoda.lv.[https://valoda.lv/wp-content/uploads/docs/LV_arzemes_LatvVal_EiropAugstskolas.pdf]

⑤ "Adreses augstskolām, kur iespējams apgūt latviešu valodu kā svešvalodu", Valoda.lv.[https://valoda.lv/latviesu-valoda-arzemes/augstskolas/]

2. 材料与方法

本文以先前相关研究文献、互联网公开资料和客观事实为研究材料，主要采用文献分析方法，必要时辅以人工调研[①]。

本研究查阅文献时，先以拉脱维亚语 "latviešu valodas"（拉脱维亚语）、"latviešu valodas specialitāte"（拉脱维亚语专业）或 "latviešu valodas kursi"（拉脱维亚语课程）附加 "ārzemēs"（在外国）或特定国家和大学的名称为关键词进行检索，同时从拉脱维亚语言局（Latviešu valodas aģentūra）官网公布的 "Latviešu valoda ārzemēs"（拉脱维亚语在国外）一栏中查询到可将拉脱维亚语作为外语学习的国外高校地址。然后，对搜索结果进行复查、筛选、分析和整理，逐步收集所有相关信息，对其共有的相似的结构进行深入分析，最后进行系统化的比较和讨论。本研究借鉴了同书内较早写成的《爱沙尼亚语作为外语的高等教育专业或课程设置研究》一文的构思和框架。

3. 结果与分析

在拉脱维亚以外，不计短期客座课程，现可查到共有 12 个国家开设拉脱维亚语高等教育专业或课程（为方便行文，以下简称 "拉脱维亚语专业课程"）：爱沙尼亚、波兰、德国、俄罗斯、法国、芬兰、捷克、立陶宛、美国、瑞典、乌克兰、中国。

下面首先重点研究德国、法国、美国、中国 4 国的拉脱维亚语高等教育专业或课程设置。

---

① 感谢北京外国语大学欧洲语言文化学院副院长董希骁教授、河北外国语学院教务处处长李超女士回应有关调研问题。

3.1. 德国

由于历史原因 [①]，德国对拉脱维亚的兴趣是所有欧洲国家当中最强的。德国有 4 所高校开设拉脱维亚语课程或波罗的海区域研究相关的语言课程：格赖夫斯瓦尔德大学、美因茨大学、法兰克福大学、明斯特大学。

3.1.1. 格赖夫斯瓦尔德大学 （Universität Greifswald）

1）历史沿革

1991 年，格赖夫斯瓦尔德大学设立了波罗的学课程。两年后，波罗的学 [②] 系（Institut für Baltistik）成立。成立证书于 1993 年 5 月 18 日由时任校长 Hans-Jürgen Zobel 教授签署。这本质上是德国统一后的一项政治决定和大学政策决定。在该系第一任主任 Rainer Eckert 教授的领导下，研究所很快就在拉脱维亚和立陶宛以及斯堪的纳维亚半岛赢得了良好的声誉。

1997 年 4 月，来自慕尼黑大学的 Jochen Dieter Range 教授被聘任为本系主任。在他的任期内，他改变了本系的形象，除了语言研究和教学之外，还越来越多地关注社会政治问题。

该系现任主任 Stephan Kessler 教授在明斯特大学学习并获得博士学位，并已在格赖夫斯瓦尔德完成了波罗的学研究领域的培训。2008 年，他接任波罗的学系第三任主任时，他将重点放在现代语言学和文学上。

本系是德国唯一专注于波罗的学的院系，本系定期利用这个地位推介波罗的学的学术主题和文化多样性。目前，该系的课程涵盖：拉脱维亚语

---

① 德意志民族最早对波罗的海东岸地区进行统治教化，起源于此的普鲁士王国（1701—1918）更主导完成了近代德国统一（1871 年），德国合并继承了普鲁士的史溯，今德意志人中有众多普鲁士人后裔。德国的东普鲁士地区（主要对应今俄罗斯加里宁格勒飞地地区）直到 1945 年才割让给苏联。古普鲁士语接近立陶宛语和拉脱维亚语，被归纳为波罗的语言，普鲁士人虽然早已德意志化改说德语，他们对波罗的区域和语言还很感兴趣。

② 波罗的学，德语 Baltistik，英语 Baltistics，研究波罗的语言民族的科目，包括今立陶宛语言民族、拉脱维亚语言民族以及古普鲁士语言民族。注意此科目不包括爱沙尼亚语言民族，因为爱沙尼亚语不属于波罗的语言。德国是波罗的学重镇，因为德国合并继承了普鲁士史溯。

和立陶宛语语言课程、文学翻译、文化活动、文本版本、社会实证调查、语言政策和语法、隐喻研究、叙事学和经典文学分析。重点是叙事学和社会语言学。①

2）师资力量

本校本语种现有专任教师 1 名：Aiga Šemeta，兼职讲师。另外，本系主任 Stephan Kessler 教授、本系和本校斯拉夫系研究助理 Anastasija Kostiučenko 博士也讲授拉脱维亚语相关课程。

本校本系历任教师：Rainer Eckert 教授（1993—1996 年在职，教授，系主任），Liane Klein 博士（1993 年至今在职，研究助理，其中 2008—2012 年调到外语系），Jochen Dieter Range 教授（1997—2006 年在职，教授，系主任），Stephan Kessler 教授（2008 年至今在职，教授，系主任），Aiga Šemeta（2011 年至今兼职，拉脱维亚语讲师），Anastasija Kostiučenko 博士（2017—2022 年以及 2023 年至今在职），Alina Baravykaitė（2017 年至今在职，2017—2023 年研究助理，2023 年至今研究助理），Ričardas Petkevičius（2023 年至今在职，立陶宛语讲师）。

3）课程设置

本校波罗的学专业主要包含拉脱维亚语和立陶宛语的语言、文学和文化学习。学生应该获得与波罗的语言和文学相关的语言技能。学生应该学习语法分析和描述技能，并能够应用当前的语言学方法和模型，运用文学史和文学理论知识，从各种方法论角度对文学文本进行分析，并反思学术立场。通过考试判断学生是否具备科学工作的基本技能和能力，以及波罗的海区域研究领域的方法论、系统学、术语的基本知识和重要的研究和工作成果。

学习计划如下：

第一学期 15 学分，包括语言学概论、文学研究概论、语言习得 A1,

---

① "Baltisten feiern Zwanzigjähriges", Uni-Greifswald.de.[https://baltistik.uni-greifswald. de/en/institut/information/geschichte-des-instituts/20-jahre-baltistik/]

考试方式为笔试 120 分钟；第二学期 15 学分，包括结构语言学、文学文本分析、语言习得 A2，考试方式为 1 次作品集考试，每门课程包括三次表现评估（演讲演示、多项选择测试、海报展示）；第三学期 10 学分，包括波罗的文学和文化史、自由选修课、语言习得 B1—A 部分，考试方式为 4000 词以上的论文；第四学期 10 学分，包括文本、社会语言学或语用学、自由选修课、语言习得 B1—B 部分，考试方式为 4000 词以上的论文以及针对语言习得的 90 分钟笔试加 20 分钟口试；第五学期 10 学分，包括文学研究专业文本阅读、语言学专业文本阅读、语言习得 B2—A 部分，考试方式为每门课程 30 分钟现场演示；第六学期 10 学分，包括跨模块考试、语言习得 B2—B 部分，考试方式为针对跨模块全学科的综合口试 30 分钟，以及针对语言习得的 120 分钟笔试和 20 分钟口试。

3.1.2. 美因茨大学 （Johannes Gutenberg-Universität Mainz）

1）历史沿革

2014 年起，美因茨大学开设包括拉脱维亚语的波罗的学课程，作为语言学学士学位核心科目的一部分进行学习，该课程现归属斯拉夫学突厥学及环波罗的海区域研究系（Institut für Slavistik, Turkologie und zirkumbaltische Studien）。立陶宛语课程是该校语言学学士及语言学硕士培养方案中的选修课，同时也是斯拉夫学／东欧研究学士培养方案中第二外语选修课。

2）师资力量

本校本语种现有专任教师 1 名：Sarmīte Trūpa 博士，特任教师（Lehrkraft für besondere Aufgaben）。另外，本系研究助理 Nora Kruse 博士也讲授拉脱维亚语相关课程。

3）课程设置

美因茨大学拉脱维亚语专业课程更偏向于理论研究，而不是实践性的语言习得教学。本校开设的语言学专业硕士培养方案中，拉脱维亚语作为专业选修课出现。学生可在第一学期、第二学期或第三学期选择北欧和波罗的语言，与英语语言学、斯拉夫语言学、德语语言学等科目并列设置。

3.1.3. 法兰克福大学 （Goethe-Universität Frankfurt am Main）

1）历史沿革

2015 年起，法兰克福大学开设包含选修拉脱维亚语专业课程的波罗的语言学（Baltische Sprachwissenschaft）主修方向，该课程目前归属经验语言学系（Institut für Empirische Sprachwissenschaft）。[①]

法兰克福大学波罗的语言学主修方向主要学习语言学历史和理论，其中立陶宛语、古立陶宛语有关课程较多，拉脱维亚语有关课程很少。

2）师资力量

本校本语种现无专任教，不清楚本校的拉脱维亚语专业课程由谁讲授。

3.1.4. 明斯特大学 （Universität Münster）

1）历史沿革

第二次世界大战后，波罗的学作为研究生专业课程曾在明斯特大学开设。明斯特独立的波罗的学研究生专业课程终止后，该课程并入中东欧区域研究专业学士学位必修课程。2015 年起，该课程不再接受新生。2015—2016 学年冬季学期，明斯特大学仅开设拉脱维亚语言课程。

拉脱维亚语专业课程最后在该校"波兰研究 / 东欧文化研究文学"硕士专业培养方案中出现。但是，在该专业网页上，已经将该专业放置在了"以前的和即将结束的硕士课程"当中，并明确说明，该专业不再招收新生，最后一届毕业生已于 2024 年夏季毕业。

2）课程设置

波兰研究 / 东欧文化研究文学专业毕业生除了掌握波兰语外，还掌握另一种东欧语言（俄语、乌克兰语、拉脱维亚语或立陶宛语）。除了专业的科学和语言技能外，由于该学习项目与三所波兰的大学合作，毕业生还应当具备良好的跨文化能力。拉脱维亚语专业课程作为选修模块出现，选

---

① "Uni Report", Uni-Frankfurt.de, 2018-03-27.[https://www.uni-frankfurt.de/107703752/BA_ES_Ordnung2018_Lesefassung_202103.pdf]

修模块需要学习两个学期，每个学期修 5 学分，共 10 学分。

3.2. 法国

法国仅有 1 所高校有拉脱维亚语专业课程：法国国立东方语言文化学院 [1]。

法国国立东方语言文化学院 （Institut National des Langues et Civilisations Orientales）

1）历史沿革

位于巴黎的法国国立东方语言文化学院成立于 1795 年法国大革命期间，最初专注于对贸易、外交和殖民制度有关的东方重要语言。随着时间的推移，学院的专业范围扩大到不太广泛使用的语言，包括来自东欧和波罗的海区域的语种，以促进更广泛的文化理解。

法国国立东方语言文化学院的拉脱维亚语教学可以追溯到 20 世纪 30 年代，但确切的日期并没有很好地记录下来。拉脱维亚语教学的出现反映了第一次世界大战后的地缘政治变化，拉脱维亚于 1918 年从俄罗斯帝国获得独立后，法国对波罗的海国家的兴趣有所增加，将关注重点转向如何理解新成立或重建国家的邻国。

在冷战期间，拉脱维亚处于苏联控制之下，法国国立东方语言文化学院的拉脱维亚研究在维护西方对波罗的海语言和文化的认识方面发挥了关键作用。学术课程不仅是语言教育的中心，也是文化保护的场所，有助于更广泛地了解拉脱维亚的遗产和抵抗苏联的压迫。

1991 年苏联解体后，拉脱维亚恢复独立，法国国立东方语言文化学院对拉脱维亚语言和文化产生了第二个兴趣高峰。拉脱维亚的研究成为将波罗的海国家纳入欧洲文化和学术框架的更广泛努力的一部分。在拉脱维亚民族身份受到威胁的时期，法国国立东方语言文化学院专注于拉脱维亚语言、文学和历史的课程，为保护和推广拉脱维亚语做出了贡献。

---

[1] "Latvian", Inalco.fr. [https://www.inalco.fr/en/languages/latvian]

现如今，法国国立东方语言文化学院是法国唯一一所提供拉脱维亚语专业学士学位培养的高等教育机构，也是欧洲极少数的机构之一，使其成为法国波罗的海语言和文化研究的独特中心。该课程面向对语言学、翻译、国际关系和波罗的海研究感兴趣的学生。

2）师资力量

本校本语种现有专任教师 5 名：Eric Le Bourhis，拉脱维亚语言文学文化高级讲师，拉脱维亚语专业课程负责人；Anda Auziņa，语言讲师；Louise de Brisson，语言文化讲师；Baiba Troščenko，语言讲师；Madara Ulme，语言讲师。另外，本校本系爱沙尼亚语专业的高级讲师 Katerina Kesa 也参与本专业的教学。

3）课程设置

2024 年版学士学位培养方案（3 年制，180 学分）

第一学期 30 学分：拉脱维亚语语法 1（4 学分每周 1.5 课时）、拉脱维亚语文本研读 1（4 学分每周 1.5 课时）、拉脱维亚语书面与口语实践 1（7 学分每周 3 课时）、波罗的海国家社会与政治体制比较 1（3 学分每周 1.5 课时）、拉脱维亚文化导论 1 或拉脱维亚文学 1（3 学分每周 1.5 课时，按年度轮流开设）、欧洲跨学科方法论 1（3 学分每周 1.5 课时）、其余 6 学分可自由选择第一学年范围内其他选修课（如波罗的海国家地理、芬兰乌戈尔语族研究导论、另一门语言入门等）。

第二学期 30 学分：拉脱维亚语语法 2（4 学分每周 1.5 课时）、拉脱维亚语文本研读 2（4 学分每周 1.5 课时）、拉脱维亚语书面与口语实践 2（7 学分每周 3 课时）、波罗的海国家社会与政治体制比较 2（3 学分每周 1.5 课时）、拉脱维亚文化导论 2 或拉脱维亚文学 2（3 学分每周 1.5 课时，按年度轮流开设）、欧洲跨学科方法论 2（3 学分每周 1.5 课时）、其余 6 学分可自由选择第一学年范围内其他选修课（如波罗的海国家安全与风险、芬兰乌戈尔语族研究导论、另一门语言入门等）。

第三学期 30 学分：拉脱维亚语语法 3（4 学分每周 1.5 课时）、拉脱维亚语文本研读 3（4 学分每周 1.5 课时）、拉脱维亚语书面与口语实践 3（7 学分每周 3 课时）、19 世纪前波罗的海地区历史（3 学分每周 1.5 课时）、拉脱维亚文化导论 1 或拉脱维亚文学 1（3 学分每周 1.5 课时，按年度轮流开设）、在欧洲系的相关课程中自由选择 9 学分区域类课程（如 19 世纪波罗的海和黑海各民族间的历史 1、中欧文学概论等）、其余 6 学分可自由选择无横向限制的跨学科课程。

第四学期 30 学分：拉脱维亚语语法 4（4 学分每周 1.5 课时）、拉脱维亚语文本研读 4（4 学分每周 1.5 课时）、拉脱维亚语书面与口语实践 4（7 学分每周 3 课时）、19 世纪以来爱沙尼亚和拉脱维亚的历史（3 学分每周 1.5 课时）、拉脱维亚文化导论 2 或拉脱维亚文学 2（3 学分每周 1.5 课时，按年度轮流开设）、在欧洲系的相关课程中自由选择 9 学分区域类课程（如 19 世纪波罗的海和黑海各民族间的历史 2、欧洲思想史等）、其余 6 学分可自由选择无横向限制的跨学科课程。

第五学期 30 学分：拉脱维亚语语法 5（3 学分每周 1.5 课时）、拉脱维亚语翻译 1（4 学分每周 1.5 课时）、拉脱维亚语书面与口语实践 5（4 学分每周 1.5 课时）、拉脱维亚语媒体 1（4 学分每周 1.5 课时）、在欧洲系的相关课程中自由选择 9 学分区域类课程（如两次世界大战期间的中欧 1、两次世界大战期间的巴尔干 1、1945 年后中欧和东欧的历史 1 等）、其余 6 学分可自由选择无横向限制的跨学科课程。

第六学期 30 学分：拉脱维亚语语法 6（3 学分每周 1.5 课时）、拉脱维亚语翻译 2（4 学分每周 1.5 课时）、拉脱维亚语书面与口语实践 6（4 学分每周 1.5 课时）、拉脱维亚语媒体 2（4 学分每周 1.5 课时）、在欧洲系的相关课程中自由选择 9 学分区域类课程（如两次世界大战期间的中欧 2、两次世界大战期间的巴尔干 2、1945 年后中欧和东欧的历史 2 等）、其余 6 学分可自由选择无横向限制的跨学科课程。

3.3. 美国

美国仅有 1 所高校有拉脱维亚语专业课程：华盛顿大学 ①。

华盛顿大学 （University of Washington）

1）历史沿革

作为波罗的海区域研究专业的一部分，华盛顿大学斯堪的纳维亚系提供两年的拉脱维亚语课堂教学，以及继续独立学习该语言的机会。与拉脱维亚和波罗的海区域有关的一系列广泛的课程还包括拉脱维亚文学和文化史的调查。主修斯堪的纳维亚区域研究的学生可以选择拉脱维亚语作为他们的重点语言课程，拉脱维亚语也可能成为斯堪的纳维亚区域研究专业在读硕士和博士生的关注对象。

1993 年，Thomas DuBois 和 Guntis Šmidchens（拉脱维亚裔）与本校俄罗斯东欧和中亚中心主任 Daniel Waugh 一起，与其他几所大学联合创办了波罗的海区域研究暑期学校，讲授波罗的海三国的语言 ②。在暑期学校的基础上，华盛顿大学的波罗的海区域研究项目于 1994 年正式启动。该计划的两项主要捐赠奠定了财政基础———一项来自美国的拉脱维亚社区，另一项来自默瑟岛和贝尔维尤的 Raisys/Liffick 家族，主要用于支持立陶宛研究。这些慷慨的捐赠开始了重要的筹款活动，为华盛顿大学的波罗的海区域研究项目提供资金，并确保该项目的永久存在。本校斯堪的纳维亚系成为波罗的海区域研究项目的所属分组单位。因此，波罗的海区域研究已纳入若干斯堪的纳维亚区域研究课程，爱沙尼亚、拉脱维亚和立陶宛社区的代表也担任部门咨询委员会的积极成员。

认识到波罗的海区域研究在整个课程中的方案意义后，该大学授权设立一个全职讲师岗位。Guntis Šmidchens 作为受聘讲师负责开发和指导该项目。Šmidchens 与助教合作，指导这套北美唯一的大学专业课程，除了

---

① "Latvian", Washington.edu. [https://scandinavian.washington.edu/fields/latvian]

② "Baltic Studies Program History", Washington.edu. [https://scandinavian.washington.edu/history]

广泛的拉脱维亚区域研究和拉脱维亚语文学课程外，还讲授全部波罗的海三国的语言和文化。

2006 年，纽约的卡兹茨卡斯（Kazickas）家族基金会在基金会主席 Jurate Kazickas 的领导下，建立了卡兹茨卡斯家族波罗的海区域研究捐席教授职位，并向波罗的海区域研究项目慷慨捐赠。卡齐卡斯家族是立陶宛裔美国人，支持立陶宛和美国的教育和科学项目。华盛顿大学波罗的海区域研究项目很荣幸被基金会选中接受这一捐席教授职位。2013 年，Guntis Šmidchens 被任命为第一位卡兹茨卡斯家族波罗的海区域研究捐席教授。

2）师资力量

本校本语种现有专任教师 2 人：（1）Guntis Šmidchens，副教授、捐席教授、波罗的海区域研究项目主管；（2）Līga Miklaševiča，讲师。

3.4. 中国

3.4.1. 北京第二外国语学院

1）历史沿革

2015 年，响应国家"一带一路"倡议，北京第二外国语学院开设拉脱维亚语专业，初建时归中欧语学院。2016 年招收首届本科生，是为中国最早招收本科生的拉脱维亚语专业。2018 年 12 月专业随中欧语学院并入欧洲学院①。2019 年 4 月正式设立拉脱维亚语教研室，2020 年 12 月专业归入新设立的欧洲学院北部（波兰—拉脱维亚—爱沙尼亚—立陶宛）系，爱沙尼亚语专业的高晶一教授任系主任。2020 年本校即中国首届拉脱维亚语专业本科生毕业获得学士学位，2 名毕业生赴拉脱维亚读研，2 名毕业生赴其他境外高校读研，其中 1 人毕业获得硕士学位后已返回本校任职。2021 年北京第二外国语学院第二届拉脱维亚语专业本科生毕业获得学士学位，1 名毕业生赴拉脱维亚里加理工大学读研，3 名毕业生赴其他境外高校读研，其中 1 人毕业获得硕士学位后已返回本校任教。

---

① 《欧洲学院》，BISU.edu.cn。[https://xiouyu.bisu.edu.cn/]

2）师资力量

本校本语种现有专任教师 2 名，其中外教 1 名。2015 年以来共有 5 名拉脱维亚外教曾在此常驻工作。

本校本语种历任教师：Aija Veldruma（2015—2017 年在职）、Anna Sedova（2015—2018 年在职）、Laura Mestere（2018—2023 年在职）、Diāna Rūpniece（2018—2019 年在职）、Dace Ratniece（2018 年至今在职）、蔡偲（2023 年至今在职）。

2018 年 9 月 18 日，拉脱维亚共和国总统莱蒙德斯·韦约尼斯率团到访本校，并看望拉脱维亚语专业师生。

3）招生学习

本校本专业共已招生 4 级 4 个班：

①2015 级北京市贯通培养实验项目（3 年中职 +2 年高职 +2 年专升本）1 班入学 20 人，其中男生 2 人，女生 18 人，本科毕业 19 人，完成学业率 95.0%。

②2016 级本科 1 班入学 14 人，其中男生 2 人，女生 12 人，本科毕业 14 人，完成学业率 100%。

③2017 级本科 1 班入学 12 人，其中男生 4 人，女生 8 人，本科毕业 12 人，完成学业率 100%。

④2021 级本科 1 班入学 13 人，其中男生 3 人，女生 10 人，将于 2025 年毕业。

本校与拉脱维亚大学、里加理工大学签有合作协议。2015 级北京市贯通培养实验项目 1 班 19 人赴里加理工大学留学一学年以上。2016 级本科 1 班 11 人在 2018—2019 学年赴里加理工大学留学一学年，8 人获得国家留学基金管理委员会奖学金（其中 5 名互换奖学金，3 名全额奖学金）。2017 级本科 1 班 7 人在 2019—2020 学年赴里加理工大学留学一学年，7 人全部获得国家留学基金管理委员会奖学金（其中 5 名互换奖学金，2 名全额奖学金）。2021 级本科 1 班全体 13 人在 2023—2024 学年分别赴拉脱维亚大学（8人）、里加理工大学（5人）留学一学年，其中10人获得国家留学基金管理委员会奖学金（其中2名互换奖学金，8名全额奖学金）。

本专业4个班入学毕业和留学人数数据汇总于表1。

表1　北京第二外国语学院拉脱维亚语专业班级数据（单位：人）

	入学	男	女	出国交流	获留基委奖学金	本科毕业
2015 级贯	20	2	18	20	--	19
2016 级本	14	2	12	11	8	14
2017 级本	12	4	8	7	7	12
2021 级本	13	3	10	13	10	未到毕业年
合计	59	11	48	51	25	45

3.4.2. 北京外国语大学

1）历史沿革

2010年，作为与中方孔子学院在拉脱维亚开办教习汉语的对等交换合作，拉方拉脱维亚语言局出资聘派拉脱维亚外教到北京外国语大学教习拉脱维亚语，该外教还能获得的北京外国语大学的工资。本校当时已报备开设拉脱维亚语专业，归属欧洲语言文化学院[①]，但首位拉脱维亚外教2012年到岗，本校拉脱维亚语课程从此曾长期仅作为本校其他专业本科生培养方案中的第三外语教学。本校选派赴拉脱维亚大学学习的本校教职工吕妍2019年毕业获得博士学位返回本校任教，2020年任讲师、拉脱维亚语教研室主任，同年本专业首次招收本科生。

2）师资力量

本校本语种现有专任教师2名，其中外教1名。

本校本语种历任教师：Līga Miklaševiča（2017—2022年在职）、吕妍

---

① 《欧洲语言文化学院》，BFSU.edu.cn。[https://europe.bfsu.edu.cn/]

（2019 年至今在职，2020 年至今任拉脱维亚语教研室主任、讲师）、黄珊（2020—2023 年在职）。

3）招生学习

本专业共已招生 2 级 2 个班：

2020 级本科 1 班入学 15 人，其中男生 9 人，女生 6 人，已于 2024 年毕业。

2024 级本科 1 班入学 12 人，其中男生 6 人，女生 6 人，将于 2028 年毕业。

3.4.3. 河北外国语学院

2021 年 9 月 6 日，河北外国语学院航空旅游学院正式开展拉脱维亚语课程。聘用外教 2 名。2021 年 11 月，航空旅游学院院长姚佳会见拉脱维亚大使馆第三秘书 Kristīne Lielā，对学院所授拉脱维亚语的学习人数进行了细致的交流。2022—2023 年，Līga Miklaševiča 为本校外教。

4. 比较与讨论

拉脱维亚以外 12 个国家的拉脱维亚语高等教育专业或课程建设情况汇总于表 2。

表 2　拉脱维亚以外拉脱维亚语高等教育专业建设情况

国家	高校	最大课程级别	岗位	最高职称
德国	格赖夫斯瓦尔德大学 美因茨大学 法兰克福大学 明斯特大学	招生专业（波罗的学） 选修课程（波萝的学） 选修课程 选修课程	1(+2) 1(+1) 0 0	中级 正高 -- --
法国	法国国立东方语言文化学院	招生专业	5(+1)	副高
美国	华盛顿大学	选修课程／必修模块	2	副高
中国	北京外国语大学	选修课程（2010 —） 招生专业（2020 —）	2 2 - 3	中级 中级

（续表）

国家	高校	最大课程级别	岗位	最高职称
中国	北京第二外国语学院	招生专业（2016—）	2	外教
	河北外国语学院	必修模块（2021—）	2	外教
波兰	波兹南大学	选修课程	1	中级
	华沙大学	选修课程	1	－
立陶宛	维尔纽斯大学	辅修方向	1	中级
	维陶塔斯·马格纳斯大学	选修课程	1	中级
爱沙尼亚	塔尔图大学	主修方向	1	中级
	塔林大学	选修课程	1	中级
芬兰	赫尔辛基大学	主修方向	1	中级
瑞典	斯德哥尔摩大学	选修课程	1	中级
捷克	查理大学	主修方向	1	副高
	马萨里克大学	辅修方向	1	中级
俄罗斯	圣彼得堡国立大学	选修课程	0.5	兼职专家
	莫斯科国立大学	选修课程	——	——
乌克兰	利沃夫大学	选修课程	1	中级

自 20 世纪末以来，欧洲国家中，拉脱维亚语专业课程或波罗的学专业的教职数量有所减少。同期，地点数量保持稳定。长期以来，波罗的—斯拉夫（Balto-Slavic）语族是否成立问题引起了特别的研究兴趣。

随着拉脱维亚加入欧盟，学术界对拉脱维亚的兴趣呈现出初步的增长。虽然波罗的海区域研究项目为波罗的海区域的历史、文化和社会提供了宝贵的见解，但是，与此同时，拉脱维亚语作为一个小众学科，尤其受到大学财政制约和报名生源的影响，与其他"另类"学科一样，在大学里面临挑战，它的存在受到威胁。

首先，像拉脱维亚语这样的课程可能很难获得足够的资金，特别是如果它们规模较小或在大学中建立较少。有限的资金可能会限制项目提供多样化课程、支持研究活动或为学生提供参与机会的能力，例如出国留学项目或客座讲座。与大学里规模更大、更成熟的项目相比，拉脱维亚语项目的预算往往有限。这种有限的资金可能会限制项目聘请教师、提供广泛的课程、提供研究机会或组织会议或研讨会等活动的能力，从而可能也难以保持其相关性并吸引学生或教职员工。

另外，低入学率也是导致该学科开设受阻的一大原因。由于他们的利基焦点，波罗的海区域研究或拉脱维亚语项目可能难以吸引足够数量的学生。由于拉脱维亚语面向的群体范围极小，很难吸引到大量的学生，低注册人数可能会导致课程安排、资源分配或长期维持计划方面的困难，使得维持该项目或证明其在大学课程中的延续具有挑战性。除此之外，许多学生可能不知道拉脱维亚语或研究波罗的海地区的重要性。大学可能需要在市场营销和推广工作上进行投资，以提高人们对该项目的认识，以及它在当今全球背景下的相关性。学习拉脱维亚语，对于那些不是母语或已经精通相关语言（如英语作为通用语）的学生来说可能是一个障碍。语言要求设置太高可能也会阻断一些学生参加拉脱维亚语相关的课程。大学可能需要提供额外的语言支持或语言要求的灵活性，以使更广泛的学生更容易获得该课程。

虽然拉脱维亚语专业或课程提供了对该波罗的海地区历史和文化的宝贵见解，但现实状况极易使毕业生质疑在这一领域攻读学位的实用性。对有限的职业机会或在该研究领域学到的技能对就业市场的适用性的担忧可能会阻止潜在的学生入学。高校需要为对拉脱维亚语感兴趣的学生提供指导和支持，强调在学术界、政府、非政府组织、商业或文化机构的潜在职业道路。实习机会、校友网络和拉脱维亚语专业或课程学习者的职业发展资源可以帮助他们更有效地过渡到劳动力市场。同样，招聘和留住具有波罗的海区域研究专业知识的合格教师相对困难，特别是在职业发展机会有限或教师在其他方面临更好机会的情况下。师资短缺可能会限制该项目提供多样化课程和研究机会的能力。而且针对欧洲地区来看，政治敏感性也会造成内部分歧，从而导致教师离职。

应对这些挑战可能需要大学的积极努力，包括对资源的战略投资、有针对性的招聘和营销举措、与波罗的海地区的机构合作，以及为对波罗的海区域研究感兴趣的教师和学生营造一个支持性的学术环境。

通过观察拉脱维亚语的课程设置，可以看出拉脱维亚语学习的目的因高校本身而异。拉脱维亚语项目计划的规模和强度，以及用拉脱维亚语讲授的课程数量和语言实践机会，决定了语言学习所要达到的效果。在一些高等教育机构，拉脱维亚语实践学习是在波罗的海区域研究课程的大背景下组织的；在一些机构，拉脱维亚语学习被纳入跨学科研究模块；在另一些机构，拉脱维亚语是一门选修课。

如果拉脱维亚语学习是波罗的海区域研究课程的一部分，其目的是实现学术目标，涉及所有语言技能的全面发展。学生需要学习实用语言的基础知识，才能顺利继续拉脱维亚语的学习。如果拉脱维亚语包含在跨学科学习课程中，则语言学习的目的取决于课程的具体情况。在那些拉脱维亚语实用课程是大学唯一课程的项目中，语言学习通常具有实用目的——发展某些语言技能（口语、写作）、培养交际能力以及对拉脱维亚语言系统和社会文化方面的理解，以及用拉脱维亚语获取信息，加深对拉脱维亚文化环境、现实生活、日常生活的了解。

5. 总结

本文概览拉脱维亚以外，德国、法国、美国、中国、波兰、立陶宛、爱沙尼亚、芬兰、瑞典、捷克、俄罗斯、乌克兰共计 12 个国家的拉脱维亚语高等教育专业或课程，其中重点研究了德国、法国、美国、中国 4 国的情况，从历史沿革、专业级别、师资配备、学生规模、课程设置等方面具体分析，归纳总结了拉脱维亚以外拉脱维亚语高等教育的经验教训，为有关小语种课程设置研究提供参考。

立陶宛语作为外语的高等教育专业或课程设置研究

阙紫轩 ①　高晶一 ②

摘要：立陶宛语是立陶宛共和国的唯一官方语言和欧盟的 24 种官方语言之一。如今，在立陶宛之外，德国、法国、美国、俄罗斯和中国等 19 国也有立陶宛语作为外语的高等教育专业或课程。本文概览立陶宛以外 19 国的立陶宛语高等教育，其中重点研究德国、法国、美国、中国 4 国的情况，从历史沿革、专业级别、师资配备、学生规模、课程设置等方面具体分析，归纳总结各国立陶宛语高等教育的经验教训，为有关小语种课程设置研究提供参考。

关键词：立陶宛语、高等教育、专业课程设置

1. 引言

立陶宛语是立陶宛共和国的唯一官方语言和欧盟的 24 种官方语言之一，母语人口约 300 万。立陶宛共和国位于欧洲东北部，根据欧盟官方划分属于北部欧洲国家 ③，面积 6.5 万平方公里，人口 289.5 万（2024 年数据 ④，包含国内俄罗斯族、乌克兰族等非立陶宛语母语人口），人均国内

---

① 作者：阙紫轩，女，北京第二外国语学院拉脱维亚语专业本科 2021 级学生。

② 作者兼指导教师：高晶一，男，（爱沙尼亚）塔尔图大学博士，北京第二外国语学院教授、欧洲学院北部（波兰—拉脱维亚—爱沙尼亚—立陶宛）系系主任兼爱沙尼亚语教研室主任。

③ "EU Vocabularies: Northern Europe", Europa.eu.[https://op.europa.eu/en/web/eu-vocabularies/concept/-/resource?uri=http://eurovoc.europa.eu/911]

④ "Pradžia", Stat.gov.lt. [https://osp.stat.gov.lt/]

生产总值27102.8美元（2023年）①，是新欧盟国家以及中东欧国家中人均经济水平较高的国家之一。立陶宛以外，因为近现代移民原因，立陶宛母语人口在美国、英国、巴西等国还有较多分布。

立陶宛语相对接近拉脱维亚语，属于印欧语系。以立陶宛多数地区的视角为基准，立陶宛有史以来历经古立陶宛（1236—1569年，其中1386年起立陶宛大公兼任波兰国王）、波兰立陶宛（1569—1795年②）、俄罗斯（1795—1918年）、今立陶宛（1918年③至今）共计4个时代，即早期独立建国，经过波兰立陶宛联邦时代，后从属俄罗斯帝国，现代又恢复独立。相比其他两个波罗的海国家拉脱维亚和爱沙尼亚，立陶宛作为独立国家的历史相当悠久，完全从属外国的时间较短。立陶宛2004年加入欧盟和北约，2007年加入申根区，2015年启用欧元。

1922年，立陶宛考纳斯的立陶宛大学④成立，设立陶宛语课程，这是立陶宛国内立陶宛语高等教育专业或课程之始⑤。而在立陶宛以外，立陶宛语进入大学的时间似乎更早一些。1870年，德国语言学家奥古斯塔·莱斯基纳斯（Augustas Leskynas，1840—1916）被聘任为莱比锡大学教授。他在这所大学工作了近50年。由于莱斯基的活动，莱比锡大学成为世界上最重要的立陶宛研究中心之一。莱斯基在他的最初的讲座中就谈到了立陶宛语的问题，在而后的半个世纪中，他几乎每年都会开设立陶宛语

---

① "Lithuania", Worldbank.org. [https://data.worldbank.org/country/lithuania?view=chart]
② 其中1665—1657年短暂改为受瑞典王国保护的立陶宛大公国。
③ 今立陶宛其中维尔纽斯及其周边地区1920—1939年从属波兰。根据立陶宛方面的历史认识，今立陶宛时代其中1940—1941年及1944—1991年被苏联占领，1941—1944年被纳粹德国占领。根据联合国方面的历史认识，今立陶宛1940—1991年曾是属于苏联的加盟共和国——立陶宛苏维埃社会主义共和国，其中1941—1944年被纳粹德国占领。
④ 立陶宛大学经历了多次改名，现名为维陶塔·斯马格努斯大学（Vytauto Didžiojo universitetas）。
⑤ "Lietuvos universitetų metai", Vcb.lt. [https://www.vcb.lt/lietuvos-universitetu-metai/]

课程①。

如今，在立陶宛之外，除讲座、游学夏令营等短期课程外，德国、法国、美国、俄罗斯和中国等19国也有立陶宛语作为外语的高等教育专业或课程。本文概览立陶宛以外19国的立陶宛语作为外语的高等教育，重点研究德国、法国、美国、中国4国的情况，从历史沿革、专业级别、师资配备、学生规模、课程设置等方面具体分析，归纳总结各国立陶宛语高等教育的经验教训，为有关小语种课程设置研究提供参考。

2. 材料与方法

本文以先前相关研究文献、互联网公开资料和客观事实为研究材料，主要采用文献分析方法，必要时辅以人工调研②。

本研究查阅文献时，先以立陶宛语"lietuvių kalba"（立陶宛语）、"lietuvių kalbos specialybė"（立陶宛语专业）或"lietuvių kalbos kursai"（立陶宛语课程）附加"užsienyje"（在外国）或"pasaulyje"（在世界上）。以及使用特定国家和大学的名称为关键词进行检索，然后对检索结果进行分析梳理，逐步深入检索收集全有关信息，进行相似结构的分析罗列，然后进行有系统的比较和讨论。

本研究参考到先前的有关立陶宛以外某个国家的立陶宛语高等教育专业或课程设置研究的文献：有关于波兰的③、德国的④、

---

① "Lietuvių kalba pasaulio universitetuose", Mokslai.lt. [https://mokslai.lt/referatai/lietuviu-kalba/lietuviu-kalba-pasaulio-universitetuos-3.html]

② 感谢北京外国语大学欧洲语言文化学院立陶宛语教研室主任王怡然博士、河北外国语学院教务处处长李超女士回应有关调研问题。

③ Lemanaitė-Deprati, Greta: "Lietuvių kalbos dėstymo Jogailaičių universitete istorija ir dabartis", *Darnioji daugiakalbystė*, 2013 (2), 24–35.

④ Christiane Schiller: "Lituanistinė veikla Berlyno Humboldtų universitete vokietijos lituanistinės veiklos fone", *Lituanistika (Baltistika) šiuolaikinuose ugdymo procesuose*, 59–59, Vilnius: Lietuvos edukologijos universiteto Mokslo fondas, 2017.

芬兰的[①]、美国的[②]、日本的[③]、瑞典的[④]、乌克兰的[⑤]、匈牙利的[⑥]和意大利的[⑦]。本研究借鉴了同书内较早写成的《爱沙尼亚语作为外语的高等教育专业或课程设置研究》一文的构思和框架。

3. 结果与分析

在立陶宛以外，不计短期客座课程，19 个国家有立陶宛语高等教育专业或课程（为方便行文，以下简称"立陶宛语专业课程"）：奥地利、爱沙尼亚、波兰、德国、俄罗斯、法国、芬兰、荷兰、捷克、拉脱维亚、美国、日本、瑞典、瑞士、乌克兰、匈牙利、意大利、英国、中国。

下面首先重点研究德国、法国、美国、中国 4 国的立陶宛语专业课程设置。

① Laimute Balode, Aurelija Ona Kaskeleviciene: "Teaching of the Baltic Languages (Lithuanian and Latvian) in the Neighbouring Countries", *Learning and Teaching Languages in a Multi-Cultural Spacetime: International Conference to mark the 20th annyversary of the Language Centre, University of Tartu, and the European Day of Languages - Tartu, Estonia*, 2012.

② Eglė Žurauskaitė: "Kalba ta pati, studentai kiti: lietuvių kalbos, kaip užsienio kalbos, mokymo Lietuvoje ir Amerikojoje palyginimas", *Lituanistika (Baltistika) šiuolaikinuose ugdymo procesuose*, 76–77, Vilnius: Lietuvos edukologijos universiteto Mokslo fondas, 2017.

③ Eiko Sakurai: "Lietuvių ir kitų baltų kalbų tyrimai ir dėstymas Japonijoje", *Rytų Azijos studijos Lietuvoje*, 2012,123–136.

④ Pēteris Vanags: «Baltų kalbų studijos Stokholmo universitete: istorija ir aktualijos", *Lituanistika (Baltistika) šiuolaikinuose ugdymo procesuose*, 72–73, Vilnius: Lietuvos edukologijos universiteto Mokslo fondas, 2017.

⑤ 《Польська мова і література, англійська та литовська мови》, Google.com.[https://drive.google.com/file/d/1Z7NvJ7AytbR720TjeA-Fr4kkBY0VGtb0/view]

⑥ Aranka Laczházi, Ričardas Petkevičius: "Baltistika Budapešto Lorando Etvešo universitete", *Lituanistika (Baltistika) šiuolaikinuose ugdymo procesuose*, 34–35, Vilnius: Lietuvos edukologijos universiteto Mokslo fondas, 2017.

⑦ Guido Michelini: "Lietuvių kalbos dėstymo specifika Italijos universitetuose", *Lituanistika (Baltistika) šiuolaikinuose ugdymo procesuose*, 40–41, Vilnius: Lietuvos edukologijos universiteto Mokslo fondas, 2017.

3.1. 德国

由于历史原因 ①，德国对立陶宛的兴趣是所有欧洲国家当中最强的。德国有 7 所高校有或曾有立陶宛语专业课程：埃朗根—纽伦堡大学、法兰克福大学、格赖夫斯瓦尔德大学、哥廷根大学、莱比锡大学、明斯特大学、美因茨大学。

3.1.1. 格赖夫斯瓦尔德大学 （Universität Greifswald）

1）历史沿革

19 世纪时，欧洲各地的印欧语系学者都在研究波罗的语言，他们认为这种语言特别古老，这种对语言历史和印欧语的兴趣形成了一种知识纽带，并在很长一段时间内保证了其在学术界的地位。20 世纪初波罗的海三国崛起之后，波罗的海区域研究变得多样化，人们开始进行爱沙尼亚研究、拉脱维亚研究和立陶宛研究。与此同时，波罗的海区域研究也开始转向对语言史以外的主题。

第二次世界大战后，德国出现了多个波罗的学的中心：慕尼黑、柏林、波恩、哈雷和明斯特。由于波罗的海国家主权的丧失，这些中心具有了特殊的文化传统意义。这种情况在 1990 年之后发生了变化。②

1991 年，格赖夫斯瓦尔德大学设立了波罗的海区域研究学科。两年后，波罗的学系（Institut für Baltistik）成立。成立证书于 1993 年 5 月 18 日由时任校长 Hans-Jürgen Zobel 教授签署。这本质上是德国统一后的一项政治决定和大学政策决定。在该系第一任主任 Rainer Eckert 教授的领导下，研究所很快就在拉脱维亚和立陶宛以及斯堪的纳维亚半岛赢得了良好的声誉。

---

① 德意志民族最早对波罗的海东岸地区进行统治教化，起源于此的普鲁士王国（1701—1918）更主导完成了近代 1871 年德国统一，德国合并继承了普鲁士的史溯，今德意志人中有众多普鲁士人后裔。德国的东普鲁士地区（主要对应今俄罗斯加里宁格勒飞地地区）直到 1945 年割让给苏联。古普鲁士语接近立陶宛语和拉脱维亚语，被归纳为波罗的语言，普鲁士人虽然早已德意志化改说德语，他们对波罗的区域和语言还很感兴趣。

② "30 Jahre Baltistik in Greifswald", Kleinefaecher.de. [https://www.kleinefaecher.de/beitraege/blogbeitrag/baltistik]

1997 年 4 月，来自慕尼黑大学的 Jochen Dieter Range 教授被聘任为本系主任。在他的任期内，他改变了本系的形象，除了语言研究和教学之外，还越来越多地关注社会政治问题。

该系现任主任 Stephan Kessler 教授在明斯特大学学习并获得博士学位，并已在格赖夫斯瓦尔德完成了波罗的学研究领域的培训。2008 年，他接任波罗的学系第三任主任时，他将重点放在现代语言学和文学上。

本系是德国唯一的专注于波罗的学的院系，本系定期利用这个地位推介波罗的学的学术主题和文化多样性。目前，该系的课程涵盖：拉脱维亚语和立陶宛语语言课程、文学翻译、文化活动、文本版本、社会实证调查、语言政策和语法、隐喻研究、叙事学和经典文学分析。重点是叙事学和社会语言学。①

2）师资力量

本校的立陶宛语模块现有专任教师 2 人：Ričardas Petkevičius，讲师，受立陶宛共和国科教部资助；Alina Baravykaitė 博士，研究助理。另外，本系主任 Stephan Kessler 教授、本系和本校斯拉夫系研究助理 Anastasija Kostiučenko 博士也讲授立陶宛语相关课程。

本校本系历任教师：Rainer Eckert 教授（1993—1996 年在职，教授，系主任），Liane Klein 博士（1993 年至今在职，研究助理，其中 2008—2012 年调到外语系），Jochen Dieter Range 教授（1997—2006 年在职，教授，系主任），Stephan Kessler 教授（2008 年至今在职，教授，系主任），Aiga Šemeta（2011 年至今兼职，拉脱维亚语讲师），Anastasija Kostiučenko 博士（2017—2022 年以及 2023 年至今在职），Alina Baravykaitė（2017 年至今在职，2017—2023 年研究助理，2023 年至今研究助理），Ričardas Petkevičius（2023 年至今在职，立陶宛语讲师）。

---

① "Baltisten feiern Zwanzigjähriges", Uni-Greifswald.de.[https://baltistik.uni-greifswald. de/en/institut/information/geschichte-des-instituts/20-jahre-baltistik/]

3.1.2. 美因茨大学 （Johannes Gutenberg-Universität Mainz）

1）历史沿革

2014 年起，美因茨大学开设包括立陶宛语的波罗的学课程，作为语言学学士学位核心科目的一部分进行学习，该课程现归属斯拉夫学突厥学及环波罗的海区域研究系（Institut für Slavistik, Turkologie und zirkumbaltische Studien）。立陶宛语课程是该校语言学学士及语言学硕士培养方案中的选修课，同时也是斯拉夫学 / 东欧研究学士培养方案中第二外语选修课。

2）师资力量

本校本语种现有专任教师 1 名：Aurelija Tamošiūnaitė 博士，特任教师（Lehrkraft für besondere Aufgaben）。

3.1.3. 法兰克福大学 （Goethe-Universität Frankfurt am Main）

1）历史沿革

2015 年起，法兰克福大学开设包含立陶宛语课程的波罗的语言学（Baltische Sprachwissenschaft）主修方向，该课程目前归属经验语言学系（Institut für Empirische Sprachwissenschaft）。[①]

法兰克福大学尤其重视文学、语言和文化研究领域的小学科，在研究、教学人员和主题方面具有国际性和文化多样性。由于波罗的海区域研究涉及与德国有 8 个世纪文化交流的波罗的语言区，所以法兰克福大学认为，波罗的语言学作为一门小而独特的研究领域，对于历史比较语言学极其重要，并旨在培养人们对小学科在社会和政治中的重要性和新认识。

2）师资力量

本校的立陶宛语模块现有教师 1 名：Jolanta Gelumbeckaitė，计划外教授（außerplanmäßiger Professor），博士。

3.1.4. 其他德国高校

哥廷根大学（Georg-August-Universität Göttingen）的语言学学士和语

---

① "Uni Report", Uni.de, 2018-03-27.[https://www.uni-frankfurt.de/107703752/BA_ES_Ordnung2018_Lesefassung_202103.pdf]

言学硕士培养方案中写有立陶宛语课程作为选修课程，但是浏览详细课程列表可知，该课程是不定期开放的，2022—2024 年的课程中都没出现立陶宛语课程。该校在 2018 年 10 月至 2020 年 2 月举行包括古立陶宛语在内的古印欧语讲座，并录制成视频，公开分享在学校官网上，供感兴趣的学生们学习。其中负责讲解古立陶宛语的是来自法兰克福大学的计划外教授（Jolanta Gelumbeckaitė）和来自维尔纽斯大学的教授（Jurgis Pakerys）。①

　　莱比锡大学（Universität Leipzig）现在提供线上立陶宛语入门课程，校内和校外人员均可报名参加。有一位讲师（Yuriy Kushnir）兼任乌克兰语和立陶宛语课程。

　　明斯特大学（Universität Münster）的选修语言课程列表中有立陶宛语，不过相关课程没有更详细的信息，处于暂停状态。第二次世界大战后，波罗的学或波罗的海区域研究作为一门研究课程曾在明斯特大学开设。独立的波罗的学研究课程结束后，该课程并入中东欧区域研究学士学位必修课程。截至 2015 年，该课程不再接受新生。2015—2016 学年冬季学期，明斯特大学仅开设选修语言课程。

　　埃朗根—纽伦堡大学（Friedrich-Alexander-Universität Erlangen-Nürnberg）的比较印欧语言学培养方案将波罗的海学作为选修课或辅修课。比如，在该校的古代语言和文化硕士学位培养方案中，第二学期的选修课有《古立陶宛语》。该课程并未设置立陶宛语专职教师，而是由团队中的 5 位教授（Stefan Schaffner、Dirk Nowak、Robert Plath、Susanne Schnaus、Thomas Steer）轮流负责这一选修课。② 由此可见，古立陶宛语在印欧语言学研究中有很高的地位。即使学校没有开设现代立陶宛语课程，仍保留对古立陶宛语的教学和研究。

---

① "Ancient Indo - European Grammars online", Uni-Goettingen.de.[https://spw.uni-goettingen.de/projects/aig/]

② "M.A. Antike Sprachen und Kulturen", FAU.de, 2019-10-14.[https://www.indogermanistik.phil.fau.de/files/2019/12/MHB_MA_AnSK_WS_19-20_Stand_14.10.19.pdf]

3.2. 法国

法国仅有 1 所高校有立陶宛语专业课程：法国国立东方语言文化学院[①]。

法国国立东方语言文化学院 （Institut national des langues et civilisations orientales）

1）历史沿革

法国大革命时期，法国打算建立一个与法兰西学院相辅相成的机构，专门讲授现代语言，其目的是"通俗和外交语言"。拉卡纳尔在提交制定宪法会议的报告中明确指出："在选择东方语言教学时，公共和商业实用性才是我们的指导方针"。

1795 年，当贸易和外交成为传播革命思想的战略要素时，口译员却出现了短缺。因此，当务之急是建立一个机构，负责以最适当的方式培养法国人学习现代语言知识。在这个关键时刻，法国国立东方语言文化学院应运而生，该校最初被命名为东方语言特殊学校（École spéciale des langues orientales）。[②]

正如其名"东方语言文化学院"，该高校前期只有汉语、日语、印度语等东方语言，后来发展到包括西方语言。根据目前能找到的文献，可知该校立陶宛语课程的开设不晚于 2001 年。[③]

法国国立东方语言文化学院有关网页表示：立陶宛语和拉脱维亚语是波罗的语言中当今仅存的两种。波罗的语言是印欧语系中最保守的语言。就语法结构而言，它在某些方面仍然接近 2500 年前的梵语或古希腊语。因此，研究立陶宛语对于研究印欧语系和整个语言学都很有意义。立陶宛作家利用了这种原始语言，使得 19 世纪和 20 世纪立陶宛文学蓬勃发展。

[①] "Lithuanian", INALCO.fr. [https://www.inalco.fr/en/languages/lithuanian]

[②] "A rich history", INALCO.fr. [https://www.inalco.fr/en/rich-history]

[③] Algirdas Sabaliauskas: "La langue lituanienne vue par les linguistes français", *Cahiers Lituaniens*, 2, 2001, 21–27.

不幸的是，这些宝贵的作家大多只为少数立陶宛语使用者和立陶宛语学习者所知，因为立陶宛语到法语的翻译非常稀少。法国国立东方语言文化学院是法国唯一一家提供立陶宛语完整学位课程的机构。该课程为期 3 年，将全面、渐进的语言教学与立陶宛历史和地理的详细介绍相结合，并介绍立陶宛的制度、文化、习俗、新闻和丰富的文学。

2）师资力量

本校立陶宛语专业现有专任教师 3 人：（1）Hélène de Penanros，教授、科主任；（2）Gražina Ciarnaitė，外籍辅助教师；（3）Goda Klimavičiūtė，讲师。

2023—2024 年讲师：Ina Valintelytė。除教授外，负责教立陶宛语课程的教师都是立陶宛人，讲师更替较为频繁。

3）课程设置

2024 年版学士学位培养方案（3 年制，180 学分）[①]

第一学期 30 学分：立陶宛语语法 I（3 学分每周 1.5 课时）、立陶宛语口语练习 I（4 学分每周 2 课时）、立陶宛语书面实践 I（4 学分每周 2 课时）、立陶宛历史文化概况 I（3 学分每周 1.5 课时）、语音与实践 I（2 学分每周 1 课时）、语法练习 I（2 学分每周 1 课时）、波罗的海三国社会和政治制度比较 I（3 学分每周 1.5 课时）、从欧洲或周边区域课程中选修 9 学分。

第二学期 30 学分：立陶宛语语法 II（3 学分每周 1.5 课时）、立陶宛语口语练习 II（4 学分每周 2 课时）、立陶宛语书面实践 II（4 学分每周 2 课时）、立陶宛历史文化概况 II（3 学分每周 1.5 课时）、语音与实践 II（2 学分每周 1 课时）、语法练习 II（2 学分每周 1 课时）、波罗的海三国社会和政治制度比较 II（3 学分每周 1.5 课时）、从欧洲或周边区域课程中选修 9 学分。

---

① "Lituanien Licence LLCER", INALCO.fr, 2024-04-10.[https://www.inalco.fr/sites/default/files/2024-05/Brochure%20licence%202024-2025_LITUANIEN.pdf]

　　第三学期 30 学分：立陶宛语语法 III（5 学分每周 1 课时）、立陶宛语口语练习 III（4 学分每周 2 课时）、立陶宛语书面实践 III（4 学分每周 2 课时）、立陶宛语语法、语音与实践 III（2 学分每周 2 课时）、立陶宛历史文化概况 III（3 学分每周 1 课时）、从文本中学习立陶宛人的日常生活 I（3 学分每周 1 课时）、从所选研究路线的课程中选修 9 学分。

　　第四学期 30 学分：立陶宛语语法 IV（5 学分每周 1 课时）、立陶宛语口语练习 IV（4 学分每周 2 课时）、立陶宛语书面实践 IV（4 学分每周 2 课时）、立陶宛语语法、语音与实践 IV（2 学分每周 2 课时）、立陶宛历史文化概况 IV（3 学分每周 1 课时）、从文本中学习立陶宛人的日常生活 II（3 学分每周 1 课时）、从所选研究路线的课程中选修 9 学分。

　　第五学期 30 学分：立陶宛语口语练习 V（2.5 学分每周 2 课时）、立陶宛语书面实践 V（2.5 学分每周 2 课时）、立陶宛语语法和词汇 I（3 学分每周 2 课时）、立陶宛语语法、语音与实践 V（2 学分每周 2 课时）、立陶宛文学与版本 I（2 学分每周 1.5 课时）、立陶宛历史文化概况 V（3 学分每周 1.5 课时）、从所选研究路线的课程中选修 15 学分。

　　第六学期 30 学分：立陶宛语口语练习 VI（2.5 学分每周 2 课时）、立陶宛语书面实践 VI（2.5 学分每周 2 课时）、立陶宛语语法和词汇 II（3 学分每周 2 课时）、立陶宛语语法、语音与实践 VI（2 学分每周 2 课时）、立陶宛文学与版本 II（2 学分每周 1.5 课时）、立陶宛历史文化概况 VI（3 学分每周 1.5 课时）、从所选研究路线的课程中选修 15 学分。

3.3. 美国

3.3.1. 芝加哥伊利诺伊大学 （University of Illinois Chicago）

1）历史沿革

　　芝加哥是欧洲以外中东欧人聚居最多的地区；芝加哥伊利诺伊大学的波兰—俄罗斯—立陶宛系（Department of Polish, Russian, and Lithuanian Studies），以前叫斯拉夫和波罗的语言文学系（Department of Slavic and Baltic Languages and Literatures），代表了这种民族多样性。本校是美国仅有的两所具有立陶宛语专业课程的高校之一。

该系的使命是培养能够在不同文化背景下茁壮成长的全球公民，为芝加哥伊利诺伊大学社区提供服务，以及在语言和文学研究领域开展高质量的研究。该系指出：立陶宛在激光技术和分子生物学领域处于领先地位，要想在当今的全球市场上成功竞争，掌握立陶宛语可以帮助人们在这些领域取得优势。

该系拥有两个捐赠教席：立陶宛研究捐赠教席设立自 1984 年，目前 Giedrius Subačius 教授在任，Stefan 和 Lucy Hejna 家族波兰语言文学教席设立自 2010 年起，目前 Michał Paweł Markowski 教授在任。[①]

来自立陶宛的 Giedrius Subačius 教授分别在 2014 年、2021 年和 2022 年获得立陶宛共和国科学委员会的资助，用于出版立陶宛语相关期刊和著作。在 2021 年 9 月 24 日，立陶宛第一夫人 Diana Nausėdienė 访问本校并会见 Giedrius Subačius 教授。[②]

2）师资力量

本校本语种现有专任教师 2 名：1）Giedrius Subačius，教授；2）Karilė Vaitkutė，兼职讲师。

3.3.2. 华盛顿大学 （University of Washington）

1）历史沿革

1994 年，华盛顿大学斯堪的纳维亚系（Department of Scandinavian Studies）[③] 在本校俄罗斯东欧及中亚研究中心的支持下开设"波罗的海区域研究项目（Baltic Studies Program）"，项目含立陶宛语、拉脱维亚语。斯堪的纳维亚研究系提供两年立陶宛语课堂教学，还有作为继续独立学习语言的机会。同时提供了大量与立陶宛和波罗的海区域研究有关的课程。

---

① "Polish, Russian, and Lithuanian Studies", UIC.edu. [https://prls.uic.edu/]

② "News", UIC.edu. [https://prls.uic.edu/about/dept-news/]

③ "Department of Scandinavian Studies", Washington.edu. [https://scandinavian.washington.edu/]

主修斯堪的纳维亚地区研究的学生可以选择立陶宛语作为他们的重点语言，立陶宛语也可以成为那些在斯堪的纳维亚研究中攻读硕士和博士学位的研究生的工作重点。本系各语种师资财政由华盛顿大学承担，波罗的海区域研究项目成立波罗的海项目基金。

值得一提的是，在 1994 年，由美国拉脱维亚社区和来自默瑟岛和贝尔维尤的 Raisys/Liffick 家族提供了两笔重大的捐赠，主要支持立陶宛研究。这些慷慨捐赠旨在资助波罗的海区域研究项目，并确保该项目永久留在华盛顿大学。除此之外，在 2006 年纽约的卡兹卡斯家族基金会在基金会主席 Jurate Kazickas① 的领导下，向波罗的海区域研究项目慷慨捐赠，并设立了卡兹卡斯家族波罗的海区域研究捐赠教授职位。卡兹卡斯家族是立陶宛裔美国人，他们支持立陶宛和美国的教育和科学项目。2013 年，Guntis Šmidchens 被任命为首位卡兹卡斯家族波罗的海区域研究捐赠教授。另外，伯尼斯·凯洛格基金会设立了伯尼斯·凯洛格基金，以支持立陶宛研究，尤其是将立陶宛文学翻译成英文并出版。2008 年，芝加哥伊利诺伊大学立陶宛研究讲座教授、杰出教授维奥莱塔·凯勒塔斯博士被任命为首位伯尼斯·凯洛格研究员。②

2）师资力量

本校立陶宛语方向现无专任教师，波罗的海区域研究项目 1 名通任教师兼教立陶宛语、拉脱维亚语和爱沙尼亚语：Guntis Šmidchens，副教授、捐席教授、波罗的海区域研究项目负责人 ③。还有一名立陶宛语代理讲师（Gina Holvoet）。

---

① Jurate Kazickas 是一名退休的美国新闻工作者和难民权利活动家。她出生在二战时期的立陶宛，和家人于 1944 年立陶宛被苏联重新占领之前逃离本国，在 1947 年抵达美国领土的难民营。

② "Baltic Studies Program History", Washington.edu. [https://scandinavian.washington.edu/history]

③ "People - Ful Directory", Washington.edu. [https://scandinavian.washington.edu/people/guntis-smidchens]

3.4. 中国

3.4.1. 北京外国语大学

1）历史沿革

2010 年，作为与中方孔子学院在立陶宛开办教学汉语的对等交换合作，立方出资聘派立陶宛外教到北京外国语大学教学立陶宛语（外方补充工资 2023 年已终止），外教还能获得北外的工资。北外当时已报备开设立陶宛语专业，归属欧洲语言文化学院[①]，但立陶宛语专业的课程长期仅作为本校其他专业本科生培养方案中的第三外语教学，直至 2017 年首次招收本科生。2021 年北京外国语大学首届立陶宛语专业本科生毕业获得学士学位，1 名毕业生进入外交部工作。

2）师资力量

本校本语种现有教师 2 名，其中外教 1 名。2010 年以来共有 1 名立陶宛外教曾在此常驻工作。

本校本语种历任教师：Rokas Liutkevičius（2010 年至今在职，立方主资至 2023 年）、王怡然（2013 年至今在职，现任教研室主任）。

由王怡然编著、Rokas Liutkevičius 审订的教材《立陶宛语口语入门》2022 年 12 月在外语教学与研究出版社出版。

3）招生学习

本专业共已招生 1 级 1 个班：

2017 级本科 1 班入学 11 人，其中男生 3 人，女生 8 人，本科毕业 11 人，完成学业率 100%。

3.4.2. 北京第二外国语学院

1）历史沿革

2016 年，响应国家"一带一路"倡议，北京第二外国语学院开设立陶宛语专业，初建时归中欧语学院。2017 年招收首届本科生，是为中国最早

---

① 《欧洲语言文化学院》，BFSU.edu.cn。[https://europe.bfsu.edu.cn/]

招收本科生的两处立陶宛语专业之一。2018 年 12 月专业随中欧语学院并入欧洲学院[①]。2020 年 12 月专业归入新设立的欧洲学院北部（波兰—拉脱维亚—爱沙尼亚—立陶宛）系，爱沙尼亚语专业的高晶一教授任系主任。2021 年北京第二外国语学院首届立陶宛语专业本科生毕业获得学士学位，1 名毕业生进入外交部工作。

2）师资力量

本校本语种现有教师 2 名，其中外教 2 名。2016 年以来共有 8 名立陶宛外教曾在此常驻工作。另外 1 名立陶宛教授（Meilutė Ramonienė，2018 年 10 月）曾到此访问讲学。

本校本语种历任教师：Eglė Vaivadaitė（2016—2017 年在职）、Eglė Vaisetaitė（2017—2018 年在职）、Mantas Dumbrauskas（2017—2019 年在职）、Joana Pribušauskaitė（2018—2019 年在职）、Donata Katinaitė（2019—2020 年在职）、Kamilė Nalivaikaitė（2021 年至今在职）、Ieva Anceviciutė（2021—2023 年在职）、Sandra Aksenaviciutė（2023 年至今在职）。

3）招生学习

本校本专业共已招生 3 级 3 个班：

① 2016 级北京市贯通培养实验项目（3 年中职 +2 年高职 +2 年专升本）1 班入学 10 人，其中男生 1 人，女生 9 人，本科毕业 10 人，完成学业率 100%。

② 2017 级本科 1 班入学 16 人，其中男生 5 人，女生 11 人，本科毕业 16 人，完成学业率 100%。

③ 2021 级本科 1 班入学 14 人，其中男生 4 人，女生 10 人，12 人将于 2025 年毕业。

本校与立陶宛维尔纽斯大学签有合作协议。2016 级北京市贯通培养实验项目 1 班 10 人赴立陶宛维尔纽斯大学留学一学年以上。2017 级本科 1

---

① 《欧洲学院》，BISU.edu.cn。[https://xiouyu.bisu.edu.cn/]

班中 14 人在 2019—2020 学年赴立陶宛维尔纽斯大学留学一学年，其中 6 人获得国家留学基金管理委员会奖学金。受中立外交关系降格影响，2021 级本科学生未赴立陶宛留学。

本专业 3 个班入学毕业和留学人数数据汇总于表 1。

表 1　北京第二外国语学院立陶宛语专业班级数据（单位：人）

	入学	男	女	出国交流	获留基委奖学金	本科毕业
2016 级贯	10	1	9	10	---	10
2017 级本	16	5	11	14	6	16
2021 级本	14	4	10	0	0	---
合计	40	10	30	24	6	26

3.4.3. 河北外国语学院

2016 年，响应国家"一带一路"倡议，河北外国语学院开设立陶宛语课程，聘用外教一名，安排本校当年招生的其他专业部分学生复合学习立陶宛语，存续至今。

4. 比较与讨论

立陶宛以外 19 个国家的立陶宛语专业课程建设情况汇总于表 2。

表 2　立陶宛以外立陶宛语高等教育专业建设情况

国家	高校	最大课程级别	岗位	最高职称
德国	格赖夫斯瓦尔德大学	主修方向（1993 —）	2+2[①]	正高
	美因茨大学	选修课程（2014 —）	1	兼职专家
	法兰克福大学	主修方向（2015 —）	1	副高
	哥廷根大学	选修课程	0	---

---

① 本校有两位教师专门负责立陶宛语相关课程，另外两位教师负责波罗的语言研究课程，但是主要研究方向还是立陶宛。

（续表）

国家	高校	最大课程级别	岗位	最高职称
德国	莱比锡大学	选修课程	0.5	中级
	明斯特大学	选修课程	0	--
法国	东方语言文化学院	招生专业（≤ 2001 —）	3	正高
美国	芝加哥伊利诺伊大学	主修方向	1+0.1	正高
	华盛顿大学	辅修方向	0.3+0.1	副高
中国	北京外国语大学	选修课程（2010 —） 招生专业（2017 —）	2	中级
	北京第二外国语学院	招生专业（2017 —）	2	外教
	河北外国语学院	必修模块	1	外教
奥地利	维也纳大学	选修课程	1	中级
爱沙尼亚	塔尔图大学	选修课程	1	初级
波兰	弗罗茨瓦夫大学	证书课程、选修课程	2	正高
	华沙大学	选修课程	1+2 [①]	中级
	雅盖隆大学	必修模块	2	正高
俄罗斯	圣彼得堡国立大学	招生专业（2005 —）	1+3 [②]	副高
芬兰	赫尔辛基大学	主修方向	1+0.5 [③]	中级
荷兰	莱顿大学	必修模块	1	中级
捷克	布拉格大学	主修方向（—2023）[④] 选修课程	1	中级

---

① 华沙大学有三位教师负责立陶宛相关课程，除了一位是专门负责立陶宛语的教学，另外两位教师负责有关立陶宛的其他课程。一位讲授立陶宛和波罗的海其他国家历史，另一位主要研究领域是立陶宛和波兰政治。

② 圣彼得堡国立大学有一位教师专门负责立陶宛语相关课程，另外三位教师不仅研究和讲授立陶宛语相关课程，有时还有对拉脱维亚语的讲授，这取决于课程安排。

③ 赫尔辛基大学有一位专职立陶宛语讲师，另一位讲师兼任立陶宛语和拉脱维亚语教学。

④ "Koncepce rozvoje Ústavu východoevropských studií v letech 2024-2026", Cuni.cz. [https://uves.ff.cuni.cz/cs/ustavkatedra/koncepce/]

（续表）

国家	高校	最大课程级别	岗位	最高职称
捷克	马萨里克大学	主修方向	2+2[①]	中级
拉脱维亚	拉脱维亚大学	必修模块	[②]	——
日本	东京外国语大学	选修课程（2009—）[③]	0.1[④]	中级
瑞典	斯德哥尔摩大学	主修方向	1+2[⑤]	正高
瑞士	伯尔尼大学[⑥]	选修课程	1	中级
乌克兰	基辅大学[⑦]	必修模块	1	正高
匈牙利	罗兰大学	辅修课程（2012—）选修课程（1991—）	1	中级
意大利	比萨大学	选修课程	0	——
英国	伦敦大学学院	选修课程	[⑧]	——

4.1. 外国类型

目前 19 个有立陶宛语专业课程的外国分为 3 个类型。

---

① 马萨里克大学有两位专职立陶宛语讲师，另外两位教师在讲授立陶宛语的同时，还负责立陶宛历史、文化的教学，以及波罗的海区域历史和文化，还有其他波罗的语言。

② 由于拉脱维亚语和立陶宛语较为相似，同时两国地理位置相连，因此在拉脱维亚大学的语言教师都同时掌握拉脱维亚语和立陶宛语两种语言。难以判断具体有几位老师属于立陶宛语教学岗位。

③ "ヴィータウタス・マグヌス大学 東京外国語大学グローバル・ジャパン・オフィス"，Tufs.ac.jp. [https://wp3.tufs.ac.jp/nijiiro/zh/tufs-lithuania-vytautas-magnus-university/]

④ 日本东京外国语大学自开设立陶宛课程以来，只有一位本国的兼职讲师（樱井映子）。

⑤ 斯德哥尔摩大学负责立陶宛语课程的有三位老师，其中有两位除了讲授立陶宛语还负责波罗的海区域历史或语言的教学。

⑥ 该项目是和瑞士弗里堡大学联合举办，其中负责语言教学的是伯尔尼大学，教师岗位设置也在此大学

⑦ 基辅大学，全称国立基辅塔拉斯谢甫琴科大学（Київський національний університет імені Тараса Шевченка）

⑧ 该校提供线上立陶宛语课程，授课老师均为立陶宛人，因此无法统计具体岗位数量。

1）联合国 5 个常任理事国：中国、美国、英国、法国、俄罗斯

联合国 5 个常任理事国多出于自身的国际方略需求开设立陶宛语专业课程，英国和俄罗斯的立陶宛语高教始于其本国国家安全情报项目。四国的立陶宛语高教财政稳定、发展平稳。

2）与立陶宛渊源较深的欧洲国家：波兰、德国、芬兰、捷克、拉脱维亚、瑞典、匈牙利

这些国家与立陶宛渊源较深，多出于地缘关系，热情开设立陶宛语专业课程。但受本国财政形势影响，存在大起大落的情况。最高峰时，德国有 8 所高校教习立陶宛语①，目前仅剩 4 所。

3）与立陶宛交流较多的国家：奥地利、爱沙尼亚、荷兰、日本、瑞士、乌克兰、意大利

这些国家与立陶宛交流较多，多出于双边关系，友情开设立陶宛语高等教育课程，课程规模都较小，维持象征意义，不温不火，没有发展专业。瑞士的苏黎世大学（1940—1980 年）②、伯尔尼大学和弗里堡大学曾经分别都开设立陶宛语课程，如今只有伯尔尼大学和弗里堡大学两个学校联合举办的项目里才有出现立陶宛语选修课程。

另外，下列国家的高校曾有立陶宛语专业课程，现已暂停或关停：

德国洪堡大学、明斯特大学、美因茨大学、埃朗根—纽伦堡大学、俄罗斯莫斯科国立罗蒙诺索夫大学、捷克布拉格大学、美国宾夕法尼亚大学、挪威奥斯陆大学、意大利比萨大学。

综上情况讨论认为，联合国 5 个常任理事国有能力且有必要建设立陶宛语专业。其他国家无论曾经多么重视，都难以维系立陶宛语专业建设，

---

① "Baltistik in Deutschland", Wikipedia.org. [https://de.wikipedia.org/wiki/Baltistik]　除上文提到的 7 所学校，还有一所慕尼黑路德维希马克西米利安大学曾开设相关课程。

② "Bus siekiama atgaivinti lietuvių kalbą Šveicarijos universitetuose", Diena.lt.[https://m.klaipeda.diena.lt/naujienos/svietimas/bus-siekiama-atgaivinti-lietuviu-kalba-sveicarijos-universitetuose-195161]

例如瑞士。

4.2. 归属结构

1）归属"波罗的"名义的分组单位：

爱沙尼亚塔尔图大学：波罗的区域语言系（Balti regiooni keelte osakond）。

俄罗斯圣彼得堡国立大学：波罗的学教研室（Кабинет балтистики）①。

德国格赖夫斯瓦尔德大学：波罗的学系（Institut für Baltistik）。

德国美因茨大学：斯拉夫学、突厥学及环波罗的海区域研究系（Institut für Slavistik, Turkologie und zirkumbaltische Studien）。

捷克马萨里克大学：语言学及波罗的学系（Ústav jazykovědy a baltistiky）。

瑞典斯德哥尔摩大学：斯拉夫及波罗的语言、芬兰语、荷兰语和德语学院（Institutionen för slaviska och baltiska språk, finska, nederländska och tyska）②

匈牙利罗兰大学：斯拉夫和波罗的语文学院（Szláv és Balti Filológiai Intézet）③。

2）归属"东欧"或"中欧"名义的分组单位：

波兰华沙大学：中东欧跨文化研究系（Katedrę Studiów Interkulturowych Europy Środkowo-Wschodniej）④。

英国伦敦大学：斯拉夫及东欧学院（School of Slavonic and East European Studies）。

---

① "Балтистика", Spbu.ru. [https://genling.spbu.ru/baltist/]

② "Szláv és Balti Filológiai Intézet", ELTE.hu. [https://szlav.elte.hu/]

③ "Szláv és Balti Filológiai Intézet", ELTE.hu. [https://szlav.elte.hu/]

④ "Nauka języków obcych w KSI", UW.edu. [http://ksi.uw.edu.pl/studenci/studia-i-stopnia/nauka-jezykow-obcych-w-ksi/]

捷克布拉格大学：东欧研究（Východoevropských studií）①。

北京第二外国语学院当初：中欧语学院。

3）归属"欧洲"名义的分组单位：

法国国立东方语言文化学院如今：欧洲系。

北京外国语大学：欧洲语言文化学院。

北京第二外国语学院如今：欧洲学院。

4）其他

波兰雅盖隆大学：普通及印欧语言学系（Katedra Językoznawstwa Ogólnego i Indoeuropejskiego）。

奥地利维也纳大学：欧洲及比较语言和文学系（Institut für Europäische und Vergleichende Sprach-und Literaturwissenschaft）。

德国法兰克福大学：经验语言研究学（Institut für Empirische）②。

芬兰赫尔辛基大学：语言系（Kielten osasto）。

荷兰莱顿大学：语言学中心（Centre for Linguistics）。

美国芝加哥伊利诺伊大学：波兰、俄罗斯和立陶宛研究系（Department of Polish, Russian, and Lithuanian Studies）。

美国华盛顿大学：斯堪的纳维亚系。

综上情况讨论认为，将立陶宛语专业归属"波罗的"名义的分组单位是最主流的。

4.3. 最大课程级别

1）招生专业（specialist）：北京第二外国语学院、北京外国语大学、俄罗斯圣彼得堡国立大学、法国国立东方语言文化学院。

招生专业指单独名义招来的学生根据本专业的培养方案完成学业获得

---

① "Koncepce rozvoje Ústavu východoevropských studií v letech 2024-2026", UJ.edu. cz.[https://uves.ff.cuni.cz/cs/ustavkatedra/koncepce/]

② "Empirische Sprachwissenschaft", Uni-Frankfurt.de.[https://www.uni-frankfurt. de/129824442/Institut]

学位。

2）主修方向（major）：德国格赖夫斯瓦尔德大学、芬兰赫尔辛基大学、捷克马萨里克大学、美国芝加哥伊利诺伊大学、瑞典斯德哥尔摩大学。

主修方向指所属大专业招来的学生，自主或按计划安排选择此主修方向，根据本方向专业的培养方案完成学业获得学位。

3）辅修方向（minor）：美国华盛顿大学、匈牙利罗兰大学

辅修方向指任何大专业招来的学生，自主选择此辅修方向，根据本方向专业的培养方案完成学业。如果没有学生选，辅修方向就不会开课，辅修方向的师资基本是兼职的。

美国华盛顿大学的立陶宛语师资同时讲授拉脱维亚语、立陶宛语和爱沙尼亚语。而匈牙利罗兰大学自 1991 年立陶宛语课程开设以来，都有一位来自立陶宛语讲师。在该校的人文学院、立陶宛科学和教育部、维尔纽斯大学和立陶宛共和国驻布达佩斯大使馆的共同努力下，独立的立陶宛辅修课程于 2012 年在罗兰大学启动。迄今为止，该校的立陶宛语讲师有：Joana Pribušauskaitė（1991—1992 年在职）、Mykolas Pocius（1992—1996 年在职）、Vaida Našlėnaitė（1996—1997 年在职）、Ramunė Kandzežauskaitė（1997—1998 年在职）、Vilma Kaladytė（1998—2000 年在职），里卡达斯·佩特克维丘斯（2000—2018 年在职）。目前，Aurelija Meškerevičiūtė 担任立陶宛语讲师①。

4）必修模块（mandatory module）：

乌克兰基辅大学将立陶宛语课程设为波兰语言与文学、英语、立陶宛语专业的必修模块之一。德国法兰克福大学和拉脱维亚拉脱维亚大学将立陶宛语课程设为波罗的语言学专业的必修模块之一。捷克马萨里克大学将立陶宛语课程设为波罗的海区域研究专业的必修模块之一。这是在认可亲

---

① "A litván szak története", ELTE.hu. [https://szlav.elte.hu/content/a-litvan-szak-tortenete.t.6159]

属民族关系的基础上，将立陶宛语知识纳入周边知识体系的处理。

特别的是，荷兰莱顿大学语言学学士学位提供四个不同的主修方向，第二年学生们可以在这些方向中选择其一，进行更深入的研究。立陶宛语在第一年的课程表中出现，作为第二年主修方向为比较印欧语言学的必修模块课程之一。[①]

河北外国语学院 2017—2018 年开设立陶宛语课程时实施创新，安排当年入学的部分学生以"专业＋外语"模式，必加立陶宛语课程，其实质也是一种必修模块。

5）选修课程：所有其他高校的立陶宛语课程都是选修课程，基本上是供各专业学生自主自由选修。这是小成本维持立陶宛语课程存在的基本方案。

4.4. 岗位数

1）3 个及以上

德国格赖夫斯瓦尔德大学、俄罗斯圣彼得堡国立大学和捷克马萨里克大学的立陶宛语专业课程当今有 4 名教师。

法国东方语言文化学院、波兰华沙大学和瑞典斯德哥尔摩大学的立陶宛语专业课程当今有 3 名教师。

但是这些大学中的部分教师有个共同点——他们不仅擅长立陶宛语，他们有的还研究波罗的海区域历史或政治，有的还同时掌握其他波罗的语，因此他们具体负责的课程根据不同的课程安排而变化。只有法国东方语言文化学院的三位老师都是只负责立陶宛语教学。

2）2 个

波兰雅盖隆大学、芬兰赫尔辛基大学、中国北京第二外国语学院和北京外国语大学的立陶宛语专业课程有 2 名教师。

[①] "Linguistics", UniversiteitLeiden.nl.[https://studiegids.universiteitleiden.nl/en/studies/10239/linguistics#tab-5]

3）1 个及以下

其他的大多数高校的立陶宛语专业只有 1 名教师。其中日本东京外国语大学的立陶宛语课程的唯一一名教师还是兼职讲师。

综上情况讨论认为，立陶宛语招生专业或主修方向应当具有 3 名教师，立陶宛语专业课程的简单维持应当具有 1 名教师。

4.5. 最高职称

波兰雅盖隆大学、弗罗茨瓦夫大学、德国格莱夫斯瓦尔德大学、法国东方语言文化学院、美国芝加哥伊利诺伊大学、乌克兰基辅大学有立陶宛语专业教师达到正高职称。德国法兰克福大学、俄罗斯圣彼得堡国立大学、美国华盛顿大学有立陶宛语专业教师达到副高职称。其他的大多数高校有立陶宛语专业教师达到中级职称。爱沙尼亚塔尔图大学的立陶宛语专业教师现为初级职称。

5. 总结

本文概览立陶宛以外，德国、法国、美国、中国、奥地利、爱沙尼亚、波兰、俄罗斯、法国、芬兰、荷兰、捷克、拉脱维亚、日本、瑞典、瑞士、乌克兰、匈牙利、意大利共计 19 个国家的立陶宛语高等教育专业或课程，其中重点研究了德国、法国、美国、中国 4 国的情况，从历史沿革、专业级别、师资配备、学生规模、课程设置等方面具体分析，还横向比较讨论了不同国家不同高校的立陶宛语高等教育专业或课程，归纳总结了立陶宛以外立陶宛语高等教育的经验教训，为有关小语种课程设置研究提供参考。

波兰语作为外语的高等教育专业或课程设置研究

卢子楠①　高晶一②

摘要：波兰语是波兰共和国的唯一官方语言和欧盟的 24 种官方语言之一。如今，在波兰之外，英国、法国、俄罗斯、以色列、德国、土耳其、美国、加拿大、澳大利亚、乌克兰、立陶宛、拉脱维亚、爱沙尼亚、匈牙利、捷克以及中国、日本和韩国等 40 多个国家也有波兰语高等教育专业或课程。本文概览波兰以外多个国家的波兰语高等教育，重点研究法国、美国、英国、中国 4 国的情况，从历史沿革、专业级别、师资配备、学生规模、课程设置等方面具体分析，归纳总结各国波兰语高等教育的经验教训，为有关小语种课程设置研究提供参考。

关键词：波兰语、高等教育、专业课程设置

1. 引言

波兰语是波兰共和国的唯一官方语言和欧盟的 24 种官方语言之一，母语人口约 4400 万。波兰共和国位于欧洲东部偏北，根据欧盟官方划分属于中东部欧洲国家③，面积 31.4 万平方公里，人口约 3754.3 万（2024 年

---

① 作者：卢子楠，女，北京第二外国语学院波兰语专业本科 2022 级学生。

② 作者兼指导教师：高晶一，男，（爱沙尼亚）塔尔图大学博士，北京第二外国语学院教授、欧洲学院北部（波兰—拉脱维亚—爱沙尼亚—立陶宛）系系主任兼爱沙尼亚语教研室主任。

③ "EU Vocabularies: Central and Eastern Europe", Europa.eu.[https://op.europa.eu/en/web/eu-vocabularies/concept/-/resource?uri=http://eurovoc.europa.eu/914]

8月）①，人均国内生产总值 22112.9 美元（2023 年）②。波兰以外，因为近现代移民原因，波兰母语人口在英国、法国、白俄罗斯和立陶宛等国还有较多分布。

波兰语属于印欧语系斯拉夫语族西支，近似捷克语和斯洛伐克语。今波兰多数地区有史以来历经先波兰（966—1569）、波兰立陶宛（1569—1795）、俄罗斯—普鲁士—奥地利三国分据（1795—1918）、今波兰（1918—今）共计 4 个历史时代，即波兰形成民族国家发展近 600 年以后，经过波兰立陶宛联邦高峰时期近 230 年，曾亡国被三国分据 120 多年，后复国。波兰立陶宛联邦曾是欧洲最强国家之一。波兰 2004 年加入欧盟和北约，2007 年加入申根区。

1816—1808 年，在波兰共和国华沙大学成立之初，学校首次开设波兰语课程，这是波兰语高等教育专业或课程之始。如今，在波兰之外，瑞典、意大利、法国、美国、英国、俄罗斯和中国等 40 多个国家也有波兰语高等教育专业或课程。本文概览波兰以外的波兰语高等教育，重点研究法国、美国、英国、中国 4 国的情况，从历史沿革、专业级别、师资配备、学生规模、课程设置等方面具体分析，归纳总结各国波兰语高等教育的经验教训，为有关小语种课程设置研究提供参考。

2. 材料与方法

本文以先前相关研究文献、互联网公开资料和客观事实为研究材料，主要采用文献分析方法，必要时辅以人工调研③。

本研究查阅文献时，先以波兰语 "Filologia polska" 或 "Polish linguistics"（波兰语言学）或 "Kurs języka polskiego"（波兰语课程）附加 "poza granicami"（在外国）或特定国家和大学的名称为关键词进行检索，

---

① "Podstawowe dane", Stat.gov.pl. [https://stat.gov.pl/podstawowe-dane/]
② "Poland", Worldbank.org. [https://data.worldbank.org/country/poland?view=chart]
③ 感谢北京第二外国语学院原中欧语学院党总支书记申达宏博士回应有关调研问题。

然后对检索结果进行分析梳理，逐步深入检索收集全有关信息，进行相似结构的分析罗列，然后进行有系统的比较和讨论。本研究借鉴了同书内较早写成的《爱沙尼亚语作为外语的高等教育专业或课程设置研究》一文的构思和框架。

3. 结果与分析

在波兰以外，不计短期客座课程，40多个国家有波兰语高等教育专业或课程（为方便行文，以下简称"波兰语专业课程"），例如：英国（1830年左右至今）、法国（1840年至今）、美国（1866年至今）、德国（20世纪60年代至今）、澳大利亚（1964年至今）、中国（1954年至今）。

下面重点研究英国、法国、美国、中国4国的波兰语专业课程设置。

3.1. 英国

3.1.1. 伦敦大学学院 （University College London）

1）专业信息

本校波兰语专业归属于斯拉夫语和东欧研究学院，是英国最大的俄罗斯、波罗的海以及中欧、东欧和东南欧的研究和教学机构之一。其中包括其他9种语言：保加利亚语、捷克语、芬兰语、匈牙利语、罗马尼亚语、俄语、塞尔维亚语、克罗地亚语、乌克兰语。

2）师资力量

本校本语种现有专任教师2人：（1）Katarzyna Zechenter，副教授；（2）Dagmara Grabska，讲师。

3）课程设置

学生可以选择单独学习波兰语或者可以将波兰语与欧洲语言、文化和社会学院的语言相结合，例如法语、德语、意大利语、西班牙语等。

每学期都会修读一些单独的模块，通常为15或30个学分，全年总计120个学分。所修模块在所学年进行评估。必修模块和选修模块的平衡因课程和年份而异。一个30学分的模块被认为相当于欧洲学分转移系统

（ECTS）中的 15 个学分。修满 360 个学分后，将获得波兰和东欧研究（荣誉）学士学位。以下是 2024 年伦敦大学学院开设波兰语专业本科生课程。

本科二年级：选修模块《波兰语 2a 级 - 理解》、《波兰语 2b 级 - 制作》、《波兰文学概论》、《波兰语 B》。

本科四年级：必修模块《波兰文学 3》选修模块《大都市：柏林历史 1871—1990》、《匈牙利文学与文化概论》、《波兰文化中的犹太人：超越刻板印象》、《东线无战事：从斯大林到现在的中欧和东欧的文化、政治和日常生活》、《中级语言：捷克语》、《中级语言：乌克兰语》、《第二外语：保加利亚语》、《第二外语：塞尔维亚语和克罗地亚语》、《第二外语：斯洛文尼亚语》、《第二外语：爱沙尼亚语》、《危机地带：中欧 1900—1990 年》、《中级语言：俄语》、《高级语言：俄语》、《参考东欧的贸易和外国直接投资政策》、《国家、身份和权力》、《斯拉夫语和东欧研究论文准备》、《金融发展》、《东欧政治学和经济学硕士论文一年制》。

本科三年级将会安排出国交流学习，或者工作实习。

3.2. 法国

法国有 9 所高校有或曾有波兰语专业课程：里尔大学、克莱蒙费朗第二大学、勃艮第大学、查尔斯戴高乐大学、让穆兰里昂第三大学、洛林大学、索邦大学、巴黎东方语言文化学院。

3.2.1. 巴黎索邦大学 （Sorbonne University）

1）历史沿革

"斯拉夫语"一词出现在 19 世纪。该学科的核心是斯拉夫语言的语言学，然后扩展到斯拉夫文学和文化、斯拉夫民族的历史及其不同的政治形态，以及斯拉夫人居住或穿越地区的历史。1840 年，法兰西学院设立了斯拉夫语言和文学教席，其中就包含了波兰语，还包括了俄罗斯语、波斯尼亚语、克罗地亚语、黑山语、塞尔维亚语、德语、捷克语、匈牙利语。该教席由波兰诗人亚当·密茨凯维奇（1798—1855）揭幕，他在法兰西学院工作了 12 年。法俄联盟（1892 年）为这门学科提供了决定性的推动力，在里尔和索邦大学设立了教席，而斯拉夫语言在东方语言学院（现为法国国立东方语言文化学院）内发展起来。几十年后，当巴黎索邦大学于 1970 年成立时，它以斯拉夫语教研组的名义成立，在 1980 年代下半期成为了我们今天所知道的斯拉夫研究教研室 ①。波兰语专业归属于斯拉夫研究教研室。

2）师资力量

本校本语种现有专任教师 10 人：（1）Malgorzata Smorag-Goldberg，教授；（2）Iwona Pugacewicz，教授；（3）Magdalena Renouf，副教授；（4）Katarzyna Bessiere，副教授；（5）Mateusz Chmurski，讲师；（6）Kinga Siatkowska-Callebat，讲师；（7）Joanna Raźny，语言讲师；（8）Marc Wlodarczyk，语言讲师；（9）Błażej Zarzecki，语言讲师；（10）Aleksandra Wojda，临时教学和研究助理。

3）课程设置

学士学位培养方案：3 年制（180 学分）。在本科一年级入学前会进行一次语言水平测试，根据测试成绩会将学生按照初级组、中级组和高级组来划分，不同水平级别的学生的课程安排不同，在本科二年级的时候，就会把中级组的学生合并到高级组里。以下是初级组学生的课程内容。

第一学期 30 学分：语言学导论和语音学（3 学分），语言练习（8 学分），20 世纪波兰文明（7 学分），文学和电影（7 学分），学术练习方法（2 学分），选修课程（3 学分）。

第二学期 30 学分：语言学导论和语音学（3 学分），语言练习（8 学分），20 世纪波兰文明（7 学分），文学和电影（7 学分），专业项目研讨会（2 学分），选修课程（3 学分）。

---

① "Offre de formation - UFR d'Études slaves", Sorbonne-universite.fr.[https://lettres.sorbonne-universite.fr/faculte-des-lettres/ufr/ufr-etudes-slaves/offre-de-formation]

第三学期 30 学分：形态学和形态句法（3 学分），语言练习（8 学分），19 世纪波兰文明（7 学分），19 世纪末 20 世纪初波兰文学（7 学分），文学方法论（2 学分），选修课程（3 学分）。

第四学期：形态学和形态句法（3 学分），语言练习（8 学分），19 世纪波兰文明（7 学分），19 世纪末 20 世纪初波兰文学（7 学分），文学方法论（2 学分），选修课程（3 学分）。

第五学期 30 学分：有两种课程设置，1、语言学和语法（7 学分），波兰语浪漫主义和中欧文学潮流（8 学分），从起源到 17 世纪的波兰文明（6 学分），学术实践方法（4 学分），专业项目研讨会（2 学分），选修课程（3 学分）。2、语言学和语法（6 学分），波兰语翻译（6 学分），波兰文学（6 学分），波兰文明（6 学分），波兰语作为外语（6 学分）。

第六学期 30 学分：有两种课程设置，1、语言学和语法（7 学分），波兰语浪漫主义和中欧文学潮流（8 学分），从起源到 17 世纪的波兰文明（6 学分），学术实践方法（4 学分），专业项目研讨会（2 学分），选修课程（3 学分）。2、语言学和语法（6 学分），波兰语翻译（6 学分），波兰文学（6 学分），波兰文明（6 学分），波兰语作为外语（6 学分）。

培养方案中建议进行语言沉浸式培养，尤其是对于完全的初学者，学生可从 3 年级开始在伊拉斯谟（Erasmus）计划的框架内停留一个学期。该系通过与合作大学（华沙、克拉科夫、卡托维兹、卢布林等）签署的众多伊拉斯谟项目或波兰政府和法国外交部提供的奖学金，提供三个月到一年的海外学习机会。

3.2.2. 法国国立东方语言文化学院 （Institut national des langues et civilisations orientales）

1）历史沿革

本校波兰语专业归属于欧洲系，该系涵盖从波罗的海到爱琴海，从德国到俄罗斯的地理区域，汇集了 18 种不同的语言。

2）师资力量

本校本语种现有专任教师 5 人：1）Bilos Piotr (Pierre)①，教授。2）Bruno Drweski，教授。3）Natalia Lason，讲师，4）Jaonna Zulauf，讲师。5）Kamil Barbarski，讲师。

3）课程设置

2024 年版学士学位培养方案（3 年制，180 学分）：

第一学期 30 学分：波兰语语法 1（3 学分每周 2 课时）、波兰语语法练习 1（3 学分每周 1.5 课时）、波兰语拼写和语音 1（3 学分每周 1 课时）、波兰语书面和口语实践 1（3 学分每周 3 课时）、波兰语文本研读 1（3 学分每周 1 课时）、波兰地理 1（3 学分每周 1 课时）、从起源到 1795 年的波兰历史（3 学分每周 1.5 课时）、从起源到启蒙运动的波兰文学（3 学分每周 1.5 课时）、欧洲跨学科方法论 1（3 学分每周 1.5 课时）、其余 3 学分可自由选择第一学年范围内其他选修课（如 1815 年之前的中欧历史 1、中欧电影 1、波罗的海国家的地理、另一门语言入门等），每周 1.5 课时。

第二学期 30 学分：波兰语语法 2（3 学分每周 2 课时）、波兰语语法练习 2（3 学分每周 1.5 课时）、波兰语拼写和语音 2（3 学分每周 1 课时）、波兰语书面与口语实践 2（3 学分每周 3 课时）、波兰语文本研读 2（3 学分每周 1 课时）、波兰地理 2（3 学分每周 1 课时）、从起源到 1795 年的波兰历史 2（3 学分每周 1.5 课时）、从起源到启蒙运动的波兰文学 2（3 学分每周 1.5 课时）、欧洲跨学科方法论 2（3 学分每周 1.5 课时）、其余 3 学分可自由选择第一学年范围内其他选修课（如 1815 年以前的中欧历史 2、中欧电影 2、索布历史和文明、另一门语言入门索布语概述），每周 1.5 课时。

第三学期 30 学分：波兰语语法 3（3 学分每周 1.5 课时）、波兰语语

---

① "Bilos Piotr", Inalco.fr. [https://www.inalco.fr/annuaire-enseignement-recherche/bilos-piotr-pierre]

法练习 3（3 学分每周 1.5 课时）、波兰语写作 1（6 学分每周 3.5 课时）、波兰语翻译评论 1（3 学分每周 1 课时）、19 世纪波罗的海和黑海之间的民族历史 1（3 学分每周 1.5 课时）、从浪漫主义到 1939 年的波兰文学 1（3 学分每周 1.5 课时）、在欧洲系的相关课程中自由选择 9 学分区域类课程（如 19 世纪哈布斯堡中欧的历史、中欧文学概述、中欧和东欧民族音乐学），每周 4.5 课时。

第四学期 30 学分：波兰语语法 4（3 学分每周 1.5 课时）、波兰语语法练习 4（3 学分每周 1.5 课时）、波兰语写作 2（6 学分每周 3.5 课时）、波兰语翻译评论 2（3 学分每周 1 课时）、19 世纪波罗的海和黑海之间的民族历史 2（3 学分每周 1.5 课时）、从浪漫主义到 1939 年的波兰文学 2（3 学分每周 1.5 课时）、在欧洲系的相关课程中自由选择 9 学分区域类课程（如 19 世纪哈布斯堡中欧的历史 2、欧洲思想史、中欧和东欧的音乐史、索布的文明历史、索布语概述），每周 4.5 课时。

第五学期 30 学分：波兰语导论 1（2 学分每周 1 课时）、商务与媒体波兰语 1（2 学分每周 1.5 课时）、复杂语言句法 1（2 学分每周 1 课时）、波兰语变形 1（2 学分每周 1 课时）、1939 年至 1989 年间的波兰文学 1（4 学分每周 1.5 课时）、波罗的海和黑海之间的民族历史与战争（3 学分每周 1.5 课时）、在欧洲系的相关课程中自由选择 15 学分区域类课程（如战争期间的中欧 1、1945 年后的中欧和东欧历史 1、20 世纪的欧洲小说 1、世界上的欧盟），每周 7.5 课时。

第六学期 30 学分：波兰语导论 2（2 学分每周 1 课时）、商务与媒体波兰语 2（2 学分每周 1.5 课时）、复杂语言句法 2（2 学分每周 1 课时）、波兰语变形 2（2 学分每周 1 课时）、1939 年至 1989 年间的波兰文学 2（4 学分每周 1.5 课时）、1945 年后的波兰历史（3 学分每周 1.5 课时）、在欧洲系的相关课程中自由选择 15 学分区域类课程（如战争期间的中欧 2、1945 年后的中欧和东欧历史 2、20 世纪的欧洲小说 2、欧洲建设：历史和制度、索布的历史和文明、索布语概述），每周 7.5 课时。

3.3. 美国

由于美国有大量波兰裔人口，加之美波关系密切，美国有数十所高校有波兰语专业课程 [1][2]，诸如：哈佛大学、康奈尔大学、芝加哥大学、安娜堡密歇根大学、芝加哥伊利诺伊大学、波士顿大学等等。下面以哈佛大学为例分析。

哈佛大学 （Harvard University）

1）师资力量

本校本语种现有教师 7 名，还有 2 位访问教授或学者：（1）Anna Baranczak，讲师；（2）Stanislaw Baranczak，教授；（3）Michael S. Flier，教授；（4）George Grabowicz，教员；（5）Roman Szporluk，教授；（6）Patrice Dabrowski，讲师；（7）Piotr Naskrecki，客座助理；（8）Michal Pawel Markowski，访问教授；（9）Lidia Stefanowska，访问学者。

2）课程设置

初级波兰语 I、初级波兰语 II、中级波兰语、中级/高级波兰语监督阅读、国家和民族：1905—1991 年、东欧国家形成，1795—1921 年：波兰、俄罗斯、乌克兰、社会主义与民族主义：研讨会、20 世纪的中欧东部、锻造未来，想象过去：现代欧洲的节日和纪念活动、西斯拉夫语言概论、边缘：20 世纪的波兰文学、反讽与形而上学：波兰现代和后现代文学中的身份构建与解构、波兰文学从起源到 1795 年的研究、波兰文学概论、读物：从文艺复兴时期的黄金时代到我们这个时代的杰作、读物：1945—2000 年，在文学传统与社会政治现实之间、波兰文学概论、西斯拉夫语言概论》。

3.4. 中国

中国近年有多达 15 所高校为学生提供波兰语专业，另外有 5 所院校

---

[1] "Polish Studies in the USA", Thekf.org. [https://old.thekf.org/kf/programs/polish-studies-in-usa/]

[2] "Polish Studies in the United States", ICM.edu.pl. [http://info-poland.icm.edu.pl/polstud/plist.html]

将波兰语作为学生的选修课。按照开设波兰语专业时间顺序来进行排列：

北京外国语大学（北京市 / 1954 年）

北京第二外国语学院（北京市 / 1965 年）

哈尔滨师范大学（黑龙江省哈尔滨市 / 2010 年）

东北大学（辽宁省沈阳市 / 2013 年）

广东外语外贸大学（广东省广州市 / 2014 年）

河北外国语学院（河北省石家庄市 / 2014 年）

浙江大学宁波理工学院（浙江省宁波市 / 2016 年）

天津外国语大学（天津市 / 2017 年）

西安外国语大学（陕西省西安市 / 2017 年）

上海外国语大学（上海市 / 2017 年）

四川大学（四川省成都市 / 2017 年）

四川外国语大学成都学院（四川省成都市 / 2017 年）

长春大学（吉林省长春市 / 2018 年）

大连外国语大学（辽宁省大连市 / 2018 年）

北京体育大学（北京市 / 2019 年）（现已关停）

四川外国语大学（重庆市 / 2019 年）

吉林外国语大学（吉林省长春市 / 2019 年）

浙江外国语学院（浙江省杭州市 / 2019 年）

浙江越秀外国语学院（浙江省绍兴市 / 2019 年）

3.4.1. 北京外国语大学

1）历史沿革

北京外国语大学波兰语专业创建于 1954 年，是中国办学历史最长，人才培养层次最齐全的波兰语教学科研单位。本专业于 1990 年和 1998 年分别开始招收硕士研究生和博士研究生。本专业归属欧洲语言文化学院 [①]。

---

① 《欧洲语言文化学院》，BFSU.edu.cn。[https://europe.bfsu.edu.cn/]

2011 年 12 月，时任波兰总统布罗尼斯瓦夫·科莫罗夫斯基到访北京外国语大学，并与中国教育部郝平副部长一道为北外波兰研究中心揭牌。这是中国第一家开展波兰国别研究的机构。多年来，波兰研究中心致力于加强对波兰的全方位研究，为中波关系发展提供学术支持，大力推广波兰文化，业已取得一系列重要成果。

2）师资力量

本校本语种现有专任教师 5 名，其中教授 1 名，副教授 1 名，外教 1 名。自 1954 年以来，共有 20 名波兰外教曾在此任教。

本校本语种历任教师（不完全统计）：易丽君（1962—2022 年在职）、Agnieszka Jasińska（2000—2005 年在职）、Jagna Malejka（2005—2010 年在职）、Ewa Rutkowska（2015—2017 年在职）、Andrzej Ruszer（2010—2015 年在职，2017 年至今在职）、赵刚（1996 年至今在职，现任教授）、何娟（2011 年至今在职）、李怡楠（2015 年至今在职，现任副教授、波兰语教研室主任）、孙伟峰（2020 年至今在职）。

3）招生学习

本专业从 1954 年开始招收本科生至今，并于 1990 年和 1998 年分别开始招收硕士研究生和博士研究生。

3.4.2. 北京第二外国语学院

1）历史沿革

北京第二外国语学院波兰语专业初建于 1965 年，1972 年停办。2015 年，响应国家"一带一路"倡议，复建波兰语专业，归属中欧语学院。2015 年 6 月，波兰外交部长谢蒂纳到访本校，为北二外波兰研究中心揭牌。2016 年招收复建后首届本科生 20 人。2018 年 12 月本专业随中欧语学院并入欧洲学院[①]。2019 年 4 月正式设立波兰语教研室。2020 年 12 月专业归入新设立的欧洲学院北部（波兰—拉脱维亚—爱沙尼亚—立陶宛）系，爱沙尼

---

① 《欧洲学院》，BISU.edu.cn。[https://xiouyu.bisu.edu.cn/]

亚语专业的高晶一教授任系主任。2020 年本校复建波兰语专业首届本科生毕业获得学士学位，1 名毕业生进入中国国际贸易促进委员会工作，1 名毕业生进入波兰驻中国大使馆工作。

2）师资力量

本校本语种现有教师 4 名，其中外教 1 名。2015 年以来共有 7 名波兰外教曾在此常驻工作。

本校本语种历任教师：刘益菲（2015—2016 年在职）、Kinga Wawrzyniak（2015—2020 年在职）、Katarzyna Gałaj（2016—2019 年在职）、龚泠兮（2017—2018 年在职）、Sabina Stróżek（2017—2019 年在职）、Aleksandra Żółkowska（2017—2020 年在职）、Anna Bleive (Podstawska)（2019—2020 年在职，2024 年至今在职）、Urszula Litkowska（2020—2021 年在职）、李青怡（2020 年至今在职）、邱贤玲（2020 年至今在职）、Alicja Berk（2020—2024 年在职）、曹扬（2022 年至今在职）。

3）招生学习

本校本专业共已招生 6 级 7 个班：

①2015 级北京市贯通培养实验项目（3 年中职 +2 年高职 +2 年专升本）1 班入学 20 人，其中男生 3 人，女生 17 人，本科毕业 20 人，完成学业率 100%。

②2016 级北京市贯通培养实验项目（3 年中职 +2 年高职 +2 年专升本）1 班入学 20 人，其中男生 2 人，女生 18 人，本科毕业 20 人，完成学业率 100%。

③2016 级本科 1 班入学 20 人，其中男生 2 人，女生 18 人，本科毕业 20 人，完成学业率 100%。

④2017 级本科 1 班入学 18 人，其中男生 5 人，女生 13 人，本科毕业 18 人，完成学业率 100%。

⑤2018 级北京市贯通培养实验项目 1 班入学 17 人，其中男生 1 人，女生 16 人，将于 2025 年毕业。

⑥2022 级本科 1 班入学 12 人，其中男生 1 人，女生 11 人，将于 2026 年毕业。

⑦2024 级本科 1 班入学 14 人，其中男生 4 人，女生 10 人，将于 2029 年毕业。

本校与波兰托伦哥白尼大学、波兹南大学签有合作协议。2015 级北京市贯通培养实验项目 1 班全体 20 人在 2017 年赴波兰托伦哥白尼大学留学一学年以上。2016 级北京市贯通培养实验项目 1 班 20 人在 2018 年赴波兰托伦哥白尼大学留学一学年以上。2016 级本科 1 班 18 人在 2018—2019 学年赴波兰托伦哥白尼大学留学一学年，其中 7 人获得国家留学基金管理委员会奖学金。2017 级本科 1 班 16 人在 2020—2021 学年赴波兰托伦哥白尼大学留学一学年，其中 4 人获得国家留学基金管理委员会奖学金。2018 级北京市贯通培养实验项目 1 班 17 人赴波兰托伦哥白尼大学留学一学年以上。2022 级本科 1 班全班 11 人在 2024—2025 学年赴波兰托伦哥白尼大学留学一学年，其中 10 人获得国家留学基金管理委员会奖学金。

本专业 7 个班入学毕业和留学人数数据汇总于表 1。

表 1　北京第二外国语学院波兰语专业班级数据（单位：人）

	入学	男	女	出国交流	获留基委奖学金	本科毕业
2015 级贯	20	3	17	20	--	20
2016 级贯	20	2	18	20	--	20
2016 级本	20	2	18	18	7	20
2017 级本	18	5	13	16	4	18
2018 级贯	17	1	16	17	--	未到毕业年
2022 级本	12	1	11	11	10	未到毕业年
2024 级本	14	4	10	未到出国年	未到出国年	未到毕业年
合计	121	18	103	106	21	78

3.4.3. 广东外贸外语大学

1）历史沿革

2014 年 9 月 26 日，响应国家"一带一路"倡议，广东外贸外语大学成为当时全国第三家、华南地区首家和唯一一家获教育部批准的波兰语本科专业教学点，归属西方语言文化学院[①]，同年首届招收 20 名本科生。本校与波兰的教育合作始于 2009 年，在波兰驻广州总领馆、省教育厅、省外办等机构的积极支持和推动下，已与波兰格但斯克大学、什切青大学、居里夫人大学等高校建立合作，主要涉及交换生、教师互访和中文学生实习项目。

2）师资力量

本校本语种现有专任教师 6 名，其中教授 1 名，外教 2 名。

本校本语种历任教师：茅银辉（2013 年至今在职，现任教授）、张和轩（2014 年至今在职，讲师）、Aagnieszka Jasińska（2014—2018 年在职，外教）、林歆（2018 年至今在职，助教）、Renata Siegień（2018 年至今在职，外教）、梁小聪（2019 年至今在职，助教）、Paulina Chechłacz（2017—2019 年在职，外教）、Kazimierz Ciekański（2019—2022 年在职，外教）、Mateusz Kwiatowski（2022 年至今在职，外教）。

3）招生学习

本专业实行每年招生、12—20 人小班教学、"波兰语＋英语"双语人才培养模式，目前学校已与波兰 6 所高校签订了校际合作协议，该专业大三学生全体赴波兰留学一学年。

4. 比较与讨论

波兰以外 12 个国家的波兰语专业课程建设情况汇总于表 2。

[①] 《西方语言文化学院》，GDUFS.edu.cn。[https://xiyu.gdufs.edu.cn/]

表 2　波兰以外波兰语高等教育专业建设情况

	高校	开始	终止	最大课程级别	岗位	最高职称
英国	伦敦大学（UCL）	不明	存续	主修方向	2	副高
法国	巴黎索邦大学	1840	存续	主修方向	10	正高
	法国国立东方语言文化学院	1892	存续	证书课程	5	正高
美国	哈佛大学	不明	存续	主修方向	7	正高
	芝加哥大学	1962	存续	辅修方向	1	中级
	哥伦比亚大学巴纳德学院	1954	存续	必修模块	2	副高
	芝加哥洛约拉大学	不明	存续	选修课程	1	中级
中国	北京外国语大学	1954	存续	招生专业	6	正高
	北京第二外国语学院	1965	存续	招生专业	3	中级
	哈尔滨师范大学	2010	存续	招生专业	5	中级
	广东外贸外语大学	2014	存续	招生专业	6	正高
德国	洪堡大学	1921	存续	主修方向	2	中级
奥地利	维也纳大学	不明	存续	主修方向	2	副高
俄罗斯	莫斯科国立大学	1971	存续	主修方向	2	副高
捷克	马萨里克大学	1995	存续	必修模块	5	副高
保加利亚	普罗夫迪夫大学	1991	存续	必修模块	1	正高
斯洛伐克	布拉迪斯拉发夸美纽斯大学	1957	存续	必修模块	1	中级
立陶宛	维尔纽斯大学	不明	存续	主修方向	7	正高
乌克兰	乌克兰西部国立大学	<2001	存续	国际项目	1	副高

4.1. 外国类型

目前 40 多个有波兰语专业课程的外国分为 4 个类型。

1）联合国 5 个常任理事国：中国、美国、英国、法国、俄罗斯

联合国 5 个常任理事国多出于自身的国际方略需求开设波兰语专业课程，德国的波兰语高教始于二战时军事专业训练项目，英国、法国和美国的波兰语高教始于大规模接收二战波兰移民，考虑国家教育发展情况。俄罗斯的波兰语高教始于其本国国家安全情报项目，中国的波兰语高教始于中波建交友好关系，发展合作的战略需求。五国的波兰语高教财政稳定、政治关系比较稳定，发展平稳。

2）与波兰渊源较深的欧洲国家：捷克、德国、乌克兰

这些国家与波兰渊源较深，多出于地缘关系和经济合作，热情开设波兰语专业课程。受本国财政形势和地缘战争关系影响，存在大起大落的情况。但也有持续稳定高质量发展波兰语高等教育的情况，由于历史渊源深厚和经济发展水平高，德国的波兰语高等教育发展平稳。

3）与波兰来往较多的欧洲国家：斯洛伐克、匈牙利、保加利亚、奥地利

这些国家与波兰来往较多，多出于双边关系，友情开设波兰语高等教育课程，课程规模都较小，师资力量比较缺乏，维持象征意义，不温不火，多为辅修课程或者是作为第二外语联合项目开设，没有发展专业。

4）波兰裔移民较多的国家：加拿大、爱尔兰、白俄罗斯、立陶宛、瑞典

立陶宛、加拿大和爱尔兰的波兰语高等教育主要是本国波兰裔移民主张开设的，财政由本国波兰裔移民团体资助，发展并不稳定。但是由于波兰移民群体数量规模庞大，波兰语文化教育的影响范围广泛，使得波兰语高等教育能够持续发展。

另外，下列国家的高校曾有波兰语专业课程，现已关停：

法国克莱蒙费朗第二大学、法国勃艮第大学、法国查尔斯戴高乐大学、

日本东京大学、瑞典斯德哥尔摩大学、德国基尔大学。

综上情况讨论认为，联合国 5 个常任理事国有能力且有必要建设波兰语专业。波兰裔移民数量规模庞大的国家由于国家文化交流教育需要，会继续推进波兰语专业的建设。一些曾经重视且关系比较深厚的国家，由于地缘政治和经济财政问题，也无法维系波兰语高等教育的建设，比如说：奥地利、瑞典。

4.2. 启动主因

1）所在方主张：法国巴黎索邦大学、法国国立东方语言文化学院、中国北京外国语大学、中国北京第二外国语学院、中国广东外贸外语大学、中国哈尔滨师范大学、美国哈佛大学、美国芝加哥洛约拉大学、英国伦敦大学、德国洪堡大学、奥地利维也纳大学、捷克马萨里克大学、保加利亚普罗夫迪夫大学、斯洛伐克布拉迪斯拉发夸美纽斯大学。

2）所在方与波兰的交换主张：立陶宛维尔纽斯大学、俄罗斯莫斯科国立大学、乌克兰西部国立大学、美国密歇根大学安娜堡分校。

综上情况讨论认为，多数波兰语专业是由所在方主张启动的，波兰语专业在世界上还具有一定热度，主要因为波兰是个发展较好的欧洲国家，并且波兰裔移民世界分布范围广，数量多，波兰语专业建设比较重视。

4.3. 波兰方面师资的介入

1）发展之中接受波兰方面师资：法国国立东方语言文化学院、巴黎索邦大学、中国北京外国语大学、北京第二外国语学院、广东外贸外语大学、四川大学外国语学院、英国伦敦大学、德国洪堡大学、奥地利维也纳大学、捷克马萨里克大学，立陶宛维尔纽斯大学、斯洛伐克布拉迪斯拉发夸美纽斯大学、保加利亚普罗夫迪夫大学、乌克兰西部国立大学。

2）发展之初接受波兰方面师资：俄罗斯莫斯科国立大学

综上情况讨论认为，少数波兰语专业未接受波兰方面师资，多数波兰语专业接受波兰方面师资。波兰方面师资是对波兰语专业或课程的有力支持，重点集中在波兰语语音语义，历史文化专业课程教学上，极少分布在其他象征意义上的文化专业课教学中。

4.4. 归属结构

1）归属"斯拉夫"名义的分组单位：

法国巴黎索邦大学：斯拉夫研究教研室。

英国伦敦大学：斯拉夫和东欧研究学院（School of Slavonic and East European Studies）。

加拿大多伦多大学：斯拉夫语言文学系（Department of Slavic Languages and Literatures）。

德国洪堡大学：斯拉夫学和匈牙利学系（Institut für Slawistik und Hungarologie）①。

匈牙利罗兰大学：斯拉夫和波罗的语文系（Szláv és Balti Filológiai Intézet）②。

奥地利维也纳大学：斯拉夫学系（Institut für Slawistik）③。

拉脱维亚拉脱维亚大学：俄罗斯学及斯拉夫学系（Rusistikas un slāvistikas nodaļa）④。

中国哈尔滨师范大学：斯拉夫语学院⑤。

2）归属"中欧"名义的分组单位：

美国哥伦比亚大学巴纳德学院：哈里曼研究所东部中欧中心（East Central European Center, Harriman Institute）⑥。

俄罗斯莫斯科国际关系学院：国际关系学院中欧和东南欧语言

---

① "Institut für Slawistik und Hungarologie", HU-Berlin.de. [https://www.slawistik.hu-berlin.de/de]

② "Szláv és Balti Filológiai Intézet", ELTE.hu. [https://szlav.elte.hu/]

③ "Institut für Slawistik", Uni-Vie.ac.at. [https://slawistik.univie.ac.at/ueber-uns/]

④ "Rusistikas un slāvistikas nodaļa", LU.lv.[https://www.hzf.lu.lv/par-mums/nodalas/rusistikas-un-slavistikas-nodala/]

⑤ 《哈尔滨师范大学斯拉夫语学院》，HRBNU.edu.cn。[http://slfyxy.hrbnu.edu.cn/]

⑥ "East Central European Center, Harriman Institute", ICM.edu.pl. [http://info-poland.icm.edu.pl/student/columbia.html]

系（Кафедра языков стран Центральной и Юго-Восточной Европы,
Факультет международных отношений）①。

北京第二外国语学院当初：中欧语学院。

3）归属"波罗的"名义的分组单位：

立陶宛维尔纽斯大学：波罗的语言和文化系（Baltijos kalbų ir kultūrų
institutas）②。

捷克马萨里克大学：文学院语言学及波罗的学系（Ústav jazykovědy a
baltistiky, Filozofická fakulta）③。

4）归属"欧洲"名义的分组单位：

法国国立东方语言文化学院如今：欧洲系。

北京外国语大学：欧洲语言文化学院。

北京第二外国语学院如今：欧洲学院。

5）其他

广东外贸外语大学：西方语言文化学院。

综上情况讨论认为，波兰语专业归属"斯拉夫"名义的分组单位最为
普遍，比较科学。

4.5. 最大课程级别

1）招生专业（specialist）：中国北京外国语大学（1954—）、北京第
二外国语学院（1965—1972、2015—）、哈尔滨师范大学（2010—）、广
东外贸外语大学（2014—）。

招生专业指单独名义招来的学生根据本专业的培养方案完成学业获得
学位。

---

① "Кафедра языков стран Центральной и Юго-Восточной Европы", MGIMO.
ru.[https://mgimo.ru/study/faculty/mo/keuro/docs/polskiy-yazyk/]

② "Baltijos kalbų ir kult ū rų institutas", VU.lt. [https://www.flf.vu.lt/en/institutes/bkki]

③ "Ústav jazykov ě dy a baltistiky", MUNI.cz.[https://www.muni.cz/o-univerzite/fakulty-
a-pracoviste/filozoficka-fakulta/211500-ustav-jazykovedy-a-baltistiky]

2）主修方向（major）：德国洪堡大学（1921—）、英国伦敦大学（UCL）、法国巴黎索邦大学（1840—）、美国哈佛大学、奥地利维也纳大学、俄罗斯莫斯科国立大学（1971—）、立陶宛维尔纽斯大学。

主修方向指所属大专业招来的学生，自主或按计划安排选择此主修方向，根据本方向专业的培养方案完成学业获得学位。

3）辅修方向（minor）：美国芝加哥大学、康奈尔大学、密歇根大学安娜堡分校、奥地利维也纳大学、法国国立东方语言文化学院。

辅修方向指任何大专业招来的学生，自主选择此辅修方向，根据本方向专业的培养方案完成学业。如果没有学生选，辅修方向就不会开课，辅修方向的师资基本是兼职的。法国国立东方语言文化学院的波兰语师资同时讲授斯洛伐克语、捷克语和波兰语。

4）必修模块（mandatory module）：

法国巴黎索邦大学和国立东方语言文化学院、美国芝加哥大学、哈佛大学、哥伦比亚大学、英国伦敦大学、乌克兰西部国立大学、捷克马萨里克大学、匈牙利罗兰大学、奥地利维也纳大学、拉脱维亚拉脱维亚大学将波兰语课程设为斯拉夫语言专业的必修模块之一。英国伦敦大学学生可以将波兰语与欧洲语言、文化和社会学院的语言相结合，例如法语、德语、意大利语、西班牙语等，实质上就是将波兰语列入了必修模块之中。

5）选修课程：所有其他高校的波兰语课程都是选修课程，基本上是供各专业学生自主自由选修。这是小成本维持波兰语课程存在的基本方案。

4.6. 岗位数

1）3个及以上

法国巴黎索邦大学的波兰语专业课程当今有 10 名教师。立陶宛维尔纽斯大学的波兰语专业课程当今有 7 名教师。中国北京外国语大学和广东外贸外语大学的波兰语专业课程当今有 6 名教师。法国国立东方语言文化学院、中国哈尔滨师范大学和捷克马萨里克大学的波兰语专业课程当今有 5 名教师。中国北京第二外国语学院的波兰语专业课程当今有 3 名教师。

2）2个

德国洪堡大学、英国伦敦大学、美国哥伦比亚大学巴纳德学院、奥地利维也纳大学和俄罗斯莫斯科国立大学的波兰语专业课程当今有2名教师。

3）1个及以下

其他的少数高校的波兰语专业只有1名教师。

综上情况讨论认为，波兰语招生专业或主修方向应当具有3名教师，波兰语专业课程的简单维持应当具有1名教师。

4.7. 最高职称

中国北京外国语大学、广东外贸外语大学、法国巴黎索邦大学、法国国立东方语言文化学院、美国哈佛大学、芝加哥洛约拉大学、俄罗斯莫斯科国际关系学院、立陶宛维尔纽斯大学有波兰语专业教师达到正高职称。英国伦敦大学、奥地利维也纳大学、俄罗斯莫斯科国立大学、捷克马萨里克大学、乌克兰西部国立大学的波兰语专业教师达到副高职称。其他的大多数高校有波兰语专业教师达到中级职称。

5. 总结

本文概览波兰以外，法国、英国、匈牙利、美国、奥地利、加拿大、立陶宛、德国、俄罗斯、拉脱维亚、捷克、保加利亚、斯洛伐克、乌克兰、中国，共计15个国家的波兰语高等教育专业或课程，其中重点研究了法国、英国、美国、中国4国的情况，从历史沿革、专业级别、师资配备、专业信息、学生规模、课程设置等方面具体分析，还横向比较讨论了不同国家不同高校的波兰语高等教育专业或课程，归纳总结了波兰以外波兰语高等教育的经验教训，为有关小语种课程设置研究提供参考。

罗马尼亚语作为外语的高等教育专业或课程设置研究

刘建荣①

摘要： 罗马尼亚语是罗马尼亚和摩尔多瓦共和国官方语言，同时是欧盟 24 种官方语言之一，全球约有 2400 万人作为母语使用，约有 400 万人作为第二母语使用。如今，在罗马尼亚之外，全球约有 32 个国家开设罗马尼亚语高等教育专业或课程。本文选择英国、德国、意大利、匈牙利和中国共 5 个国家开设罗马尼亚语专业或课程的高等院校，聚焦人才培养方案，从专业介绍、师资配备、课程设置等方面具体分析，归纳总结各国罗马尼亚语高等教育的经验教训，为有关非通用语种课程设置研究提供参考。

关键词： 罗马尼亚语、高等教育、专业课程设置

1. 引言

1949 年 10 月 5 日，中国和罗马尼亚建交，罗马尼亚是世界上第三个承认新中国的国家（第一是苏联，第二是保加利亚），两国历来友好。罗马尼亚 2004 年加入北约，2007 年加入欧盟，是二十多个国际组织的成员国，在国际社会上扮演重要角色。同时，罗马尼亚也是中国—中东欧国家合作平台和 "一带一路" 倡议沿线国家。近年来，国内对罗马尼亚的关注提高，多所院校争相开设或复建罗马尼亚语专业。截止到 2024 年 6 月，我国开设罗马尼亚语本科专业点并持续招生的高等院校共 7 所（北京外国语大学、

---

① 作者：刘建荣，女，北京外国语大学硕士，北京外国语大学在读博士研究生，北京第二外国语学院欧洲学院法意罗（法兰西—意大利—罗马尼亚）系罗马尼亚语教研室讲师。

北京第二外国语学院、西安外国语大学、天津外国语大学、四川外国语大学、北京语言大学、上海外国语大学），北京外国语大学设有罗马尼亚语言文学方向的硕士和博士培养点。在人才培养角度，包括罗马尼亚语在内的新建非通用语专业存在人才培养模式单一、缺乏全面调研和数据支撑[1]、课程设置与非通用语人才需求不匹配[2]、高端人才严重不足[3]等一系列问题，调研全球老牌开设罗马尼亚语专业院校的人才培养经验势在必行。

如今，在罗马尼亚之外，全球约有 32 个国家，52 所高校开设罗马尼亚语高等教育专业或课程[4]。在选取研究对象的时候，本文综合考量海外罗马尼亚人数量、罗马尼亚进出口贸易数据、国家综合国力、语种分布这四个要素，最后选取英国、德国、意大利、匈牙利和中国共 5 个国家开设罗马尼亚语专业或课程的高等院校作为横向比较的研究对象。选取依据如下：2022 年海外罗马尼亚人[5]分布数量最多的国家分别是意大利（约 100 万人）、德国（约 80 万人）、西班牙（约 60 万人）、英国（约 50 万人）和美国（约 40—50 万人）。2023 年罗马尼亚进口贸易额排名前 5 的国家分别是德国、意大利、匈牙利、波兰和中国，出口贸易额排名前 5 的国家分别是德国、意大利、法国、匈牙利和保加利亚[6]。2023 年世界各国 GDP 排名前 6 的国家分别是美国、中国、德国、日本、印度和英国[7]。

[1] 王辉、夏金玲：《高校"一带一路"非通用语人才培养与市场需求调查研究》，《外语电化教学》2019 年第 1 期，第 35 页。

[2] 孙琪、刘宝存：《"一带一路"倡议下非通用语人才培养现状与发展路径研究》，《中国高教研究》2018 年第 8 期，第 44 页。

[3] 张天伟：《国家语言能力视角下的我国非通用语教育：问题与对策》，《外语界》2017 年第 2 期，第 47 页。

[4] Oana Luiza Barbu: "Teaching Romanian as a Foreign Language in Universities in China and The Republic of Korea. Challenges and Opportunities", *Buletinul Ştiinţific al UTCB Seria: Limbi străine şi comunicare*, 14 (1), 2021, 47–63, 49.

[5] "Romanian diaspora", Wikipedia.org. [https://en.wikipedia.org/wiki/Romanian_diaspora]

[6] "Romania | Imports and Exports", Trendeconomy.com. [https://trendeconomy.com/data/h2/Romania/TOTAL]

[7] "GDP Ranked by Country 2024", Worldpopulationreview.com. [https://worldpopulationreview.com/countries/by-gdp]

在比较分析过程中，本文聚焦各国罗马尼亚语高等教育专业人才培养方案，同时从历史沿革、专业介绍、师资配备、人才培养方案、课程设置等方面进行具体分析，归纳总结各国罗马尼亚语高等教育的经验教训，为我国非通用语课程设置研究提供参考。

2. 材料与方法

本文选定研究对象国别后，选定各国排名靠前的综合院校或外语类院校，分别登录该校网站进行查阅。在查阅过程中，借助人工智能翻译工具，查阅该校院校语言类院系下设的各专业介绍和课程介绍，选择该国罗马尼亚语专业（课程）最丰富和完善的高等院校，并检索出该校罗马尼亚语专业最新一版人才培养方案（学位课程）或课程介绍（非学位课程）作为最终研究材料，采用文献分析的方法横向比较各国罗马尼亚语人才培养的异同，进行系统比较和讨论。本研究借鉴了同书内较早写成的《爱沙尼亚语作为外语的高等教育专业或课程设置研究》一文的构思和框架。

3. 结果与分析

3.1. 英国

英国仅有伦敦大学学院一所高校开设包含罗马尼亚语的学位课程，其他高校如牛津大学（选修课程）、剑桥大学（选修课程）仅以学校语言资源的方式向本校学生提供罗马尼亚语言课程。本节将深入研究伦敦大学学院与罗马尼亚语相关学位专业人才培养情况，包含专业介绍、师资力量、课程设置等方面。

伦敦大学学院 （University College London）

1）基本情况

伦敦大学学院提供三种类型罗马尼亚语课程：学位课程（本科）、选修课程（本、硕）和短期培训课程。课程由该校艺术与人文学院下设斯拉夫语和东欧研究学院提供，其中包含罗马尼亚语的本科学位课程共有两大类：罗马尼亚语和东欧研究专业（1个专业点）、语言和文化专业（1个专业点）、罗马尼亚语 +1 门现代语言 /1 门现代语言 + 罗马尼亚语（20 个专业点）。选修课程面向全校所有学生开设，并且可作为个别专业（比较文学专业、语言和文化专业、欧洲社会政治研究专业）2 种必选语言之一。伦敦大学学院还面向全球提供包括罗马尼亚语在内的 18 种中东欧语种短期语言培训课程。值得一提的是，尽管包含罗马尼亚语的专业数量达 22 个之多，且每年均有招生计划，并不是每个专业每年都能招到学生。

2）师资力量

伦敦大学学院罗马尼亚语课程师资共有 5 人，其中本国教师 3 人，外教 2 人：

本国教师：

Ramona Gonczol，副教授，罗马尼亚语课程负责人。

Rebecca A Haynes，博士，客座副教授

Felix Ciuta，博士，副教授

兼职外教：

Radu Voica，博士，资深对外罗马尼亚语教师

Carmen Raris，博士，对外罗马尼亚语教师

3）培养方案

本论文仅研究伦敦大学学院本科阶段学位类课程人才培养方案，包括罗马尼亚语和东欧研究专业、语言与文化专业、罗马尼亚语 +1 门其他现代语言专业。

①罗马尼亚语和东欧研究专业（本科）①

本专业开设院系为斯拉夫和东欧研究学院，面向英国和全球进行招生，教育类型为全日制，学制 4 年。

---

① "Romanian and East European Studies BA", UCL.ac.uk.[https://www.ucl.ac.uk/prospective-students/undergraduate/degrees/romanian-and-east-european-studies-ba]

学生前两年在国内学习主修语言类课程^①、必修文化类课程、其他选修课程。大三出国留学一年，前往主修语言对象国大学进行深造，也可以选择在该国工作一年。大四在国内继续学习，修习语言类高级课程或完成毕业论文，同时完成必修文化类课程和其他选修课程。学生在国内期间，要求每年修满 120 学分（相当于欧洲学分互认体系 ETCS 的 60 学分），修满 360 学分可获得本专业学士学位证书。

学生每年的学习时间为 1200 小时，包括教学时间（讲座、研讨会和讲习班）、自习、评估和反馈。

②语言与文化专业（本科）^②

本专业开设院系为欧洲语言、文化和社会学院，面向英国和全球进行招生，教育类型为全日制，学制 4 年。

本专业要求学生入学时选择一门主修语言，一门辅修语言。语言类课程由学校不同院系和研究中心提供。主修语种可以从以下 21 种语言选择：保加利亚语、克罗地亚语、捷克语、丹麦语、荷兰语、芬兰语、法语、德语、希伯来语、匈牙利语、冰岛语、意大利语、挪威语、波兰语、葡萄牙语、罗马尼亚语、俄语、塞尔维亚语、西班牙语、斯洛伐克语、瑞典语、乌克兰语。辅修语种可以从以下 7 种语言中选择：古希腊语、阿拉伯语、初级法语、初级西班牙语、日语、拉丁语、汉语。学生前两年在国内学习主修语言课程、辅修语言课程及这两种语言文化、历史和语言学系列课程。大三出国留学一年，前往主修语言对象国进行深造。大四在国内继续学习，可以选择主修语言 + 辅修语言高年级课程，也可以专注于主修语言高年级课程。学生在国内期间，要求每年修满 120 学分，修满 360 学分（180 ECTS）可获得本专业学士学位证书。

---

① 对于零起点学生，学生向大一学生提供初级语言类课程，大二提供中级语言类课程；对于已有该语种语言基础的学生，学校向大一学生提供中级语言类课程，大二提供高级语言类课程。

② "Language and Culture BA", UCL.ac.uk. [https://www.ucl.ac.uk/prospective-students/undergraduate/degrees/language-and-culture-ba]

③罗马尼亚语 +1 门现代语言专业（本科）①

本专业开设院系为斯拉夫和东欧研究学院、希伯来和犹太研究学院，面向英国和全球进行招生，教育类型为全日制，学制 4 年。伦敦大学学院提供的包括罗马尼亚语在内的 20 门双语专业包括：捷克语＋罗马尼亚语，芬兰语＋罗马尼亚语专业，法语＋罗马尼亚语专业，荷兰语＋罗马尼亚语专业，保加利亚语＋罗马尼亚语专业，丹麦语＋罗马尼亚语专业，波兰语＋罗马尼亚语专业，希伯来语＋罗马尼亚语专业，德语＋罗马尼亚语专业，意大利语＋罗马尼亚语专业，匈牙利语＋罗马尼亚语专业，挪威语＋罗马尼亚语专业，罗马尼亚语＋西班牙语专业，罗马尼亚语＋俄语专业，罗马尼亚语＋意第绪语专业，俄语＋一种东欧语（罗马尼亚语）专业，罗马尼亚语＋瑞典语专业，罗马尼亚语＋葡萄牙语专业，罗马尼亚语＋乌克兰语专业，罗马尼亚语＋塞尔维亚语 / 克罗地亚语专业。除希伯来语＋罗马尼亚语专业和罗马尼亚语＋意第绪语专业这两个专业由希伯来和犹太研究学院提供外，其余 18 个专业均由斯拉夫和东欧研究学院提供。两个语种具有同等地位，语种在前在后无差异。

学生前两年在国内主修语言类课程、其他选修课程（对象国文学、电影、政治、语言学、历史、文化、社会等课程）。大三出国留学一年，分为两部分，分别前往所修两种语言对象国大学进行深造，也可以选择在该国工作。大四在国内继续学习，修习语言类、应用语言（如翻译）、文学、历史、电影和语言学方面的高级课程，如果学生有意研究，则可选择完成毕业论文这一模块。学生在国内期间，要求每年修满 120 学分，修满 360 学分（180 ECTS）可获得本专业学士学位证书。

学生每年的学习时间为 1200 小时，包括教学时间（讲座、研讨会和讲习班）、自习、评估和反馈。

---

① "Czech and Romanian BA", UCL.ac.uk. [https://www.ucl.ac.uk/prospective-students/undergraduate/degrees/czech-and-romanian-ba-2024]

3.2. 德国

德国仅有耶拿大学一所高校开设包含罗马尼亚语的学位课程，其他高校如柏林洪堡大学、莱比锡大学和汉堡大学提供罗马尼亚语非学位课程。本节将深入研究耶拿大学与罗马尼亚语相关本科学位专业人才培养情况，包含专业介绍、师资力量、课程设置等方面。

耶拿大学 （Friedrich-Schiller-Universität Jena）

1）基本情况

耶拿大学提供三种包含罗马尼亚语的本科学位专业：罗曼语研究专业、东南欧研究专业、经济＋语言专业。

罗曼语研究专业由罗曼语研究学院联合哲学学院开设，学生从法语、意大利语、西班牙语和罗马尼亚语四种语言中的任选两种语言，一门语言作为主修，一门语言作为辅修。

东南欧研究专业由罗曼语研究学院、斯拉夫和高加索研究学院、哲学学院和历史学院联合开设。学生从两个主修和两个辅修专业中择一门主修一门辅修。主修专业有：南斯拉夫研究（文学）＋历史和政治学专业（语言：保加利亚语和现代希腊语）和罗马尼亚研究＋历史宗教专业（语言：罗马尼亚语和塞尔维亚语／克罗地亚语）；辅修专业有：历史和政治学研究（语言：土耳其语）、罗马尼亚和巴尔干研究（语言：罗马尼亚语）。

经济＋语言专业由艺术与人文学院、经济科学学院、东方学、印欧学、史前和史前考古学研究学院、罗曼语研究学院和斯拉夫和高加索研究学院联合开设。经济类方向为主修，学生可从耶拿大学开设的 11 门外语中择一门作为辅修：保加利亚语、波兰语、捷克语、俄语、塞尔维亚语／克罗地亚语、葡萄牙语、法语、意大利语、罗马尼亚语、西班牙语或阿拉伯语。除法语需要语言基础外（达 A2），其他语种不做要求，入学后进行语言等级考试后分班。

本小节将仅研究耶拿大学罗马尼亚语或罗马尼亚研究作为主修的本科专业。须强调的是，虽然以上三个专业每年都有招生，学生选择罗马尼亚语或罗马尼亚研究作为主修科目的情况并不是每年都有。

2）师资力量

耶拿大学罗马尼亚语课程师资共 2 人：

Valeska Bopp-Filimonov，博士，初级教授

Popovici Victoria，博士，研究助理

3）人才培养方案

①罗曼语研究专业 [①]

耶拿大学罗曼语研究专业（罗马尼亚语主修），面向德国及全球招生，德语非母语申请者德语须达标（DSH 2 级或同等水平）。教育类型为全日制，学制 3 年，授课语言为德语和相应的罗马尼亚语。

罗曼语研究专业学生选择罗马尼亚语为主修科目，计 120 学分（120 ECTS）。同时从法语、意大利语和西班牙语中择一门作为辅修，计 60 学分。学生修满 180 学分后可获得本专业学士学位证书。

1 学分对应的学习时间为 30 小时，包括教学时间（讲座、研讨会和讲习班）、自习、评估和反馈。

主修（120 学分）：

表 1　罗曼语研究专业主修课程类别表

	第一学年		第二学年		第三学年	
课程类型	1	2	1	2	1	2
语言实践	30 学分					
导论（区域研究、历史）	10 学分					
导论（语言学、文学）		10 学分				
高级语言课程				30 学分		
语言技能	20 学分					

---

① "Romanistik - Schwerpunkt Rumänisch", Uni-Jena.de.[https://www.uni-jena.de/7085/b-a-kf-romanistik-schwerpunkt-rumaenisch]

（续表）

	第一学年	第二学年	第三学年	
实习			10 学分	
毕业论文				10 学分

主修科目中罗马尼亚课程如下：

语言实践类：罗马尼亚语语言实践 A1 级别（10 学分）、罗马尼亚语语言实践 A2 级别（10 学分）、罗马尼亚语语言实践 B1 级别（5 学分）、罗马尼亚语语言实践：语法（5 学分）。

导论（区域研究、历史）：东南欧背景下的罗马尼亚语言与文化（10 学分）。

导论（语言学、文学）：罗马尼亚语言与文学入门（10 学分）。

高级语言课程：罗马尼亚语言与文化（10 学分）、罗马尼亚文化研究（10 学分）、罗马尼亚语言学（10 学分）。

语言技能：罗马尼亚语语言实践：听力与阅读（5 学分）、罗马尼亚语语言实践：文本创作（5 学分）、罗马尼亚语语言实践：翻译 1（5 学分）、罗马尼亚语语言实践：翻译 2（5 学分）。

②东南欧研究专业[①]

耶拿大学东南研究专业面向德国及全球招生，德语非母语申请者德语须达标（DSH 2 级或同等水平）。教育类型为全日制，学制 3 年。

本专业学生选择罗马尼亚研究 + 历史宗教专业（语言：罗马尼亚语和塞尔维亚语 / 克罗地亚语）为主修科目，计 120 学分（120 ECTS）。同时从历史和政治学研究（语言：土耳其语）、罗马尼亚和巴尔干研究（语言：罗马尼亚语）两门辅修中择一门作为辅修，计 60 学分。学生修满 180 学分后可获得本专业学士学位证书。

[①] "Südosteuropastudien", Uni-Jena.de. [https://www.uni-jena.de/7270/b-a-kf-suedosteuropastudien]

1 学分对应的学习时间为 30 小时，包括教学时间（讲座、研讨会和讲习班）、自习、评估和反馈。

主修科目中各学期课程设置如下：

第一学期（30 学分）：东南欧研究导论（10 学分）、罗马尼亚语言与文学导论一（5 学分）、塞尔维亚语/克罗地亚语基础课程 a 和 b（10 学分）、初级罗马尼亚语言实践一（5 学分）。

第二学期（10 学分）：罗马尼亚语言与文学导论二（5 学分）、初级罗马尼亚语言实二（5 学分）。

第三学期（20 学分）：19 世纪—20 世纪历史（10 学分）、罗马尼亚语言学一（5 学分）、中级罗马尼亚语一（5 学分）。

第四学期（20 学分）：东欧史（10 学分）、罗马尼亚语言学二（5 学分）、中级罗马尼亚语二（5 学分）。

第五学期（20 学分）：宗教与生活（10 学分）、实习（10 学分）

第六学期（10 学分）：学位论文

3.3. 意大利

意大利仅有罗马大学一所高校开设包含罗马尼亚语的学位课程，其他高校如都灵大学、米兰大学只提供罗马尼亚语非学位课程。本节将深入研究罗马大学与罗马尼亚语相关本科学位专业人才培养情况，包含专业介绍、师资力量、课程设置等方面。

罗马大学 （Sapienza Università di Roma）

1）基本情况

罗马大学欧洲、美洲跨文化研究学院开设语言文化文学翻译专业，该专业注重培养学生语言、文学和翻译技能，学生从学校开设语种中（法语、西班牙语、葡萄牙语和巴西利亚语、英语、德语、北欧语言、荷兰语和弗拉米什语、罗马尼亚语、阿尔巴尼亚语、匈牙利语、现代希腊语、乌克兰语、捷克和斯洛伐克语、斯洛文尼亚语、南斯拉夫语、波兰语和俄语）选择两种语言的语言、文学和翻译类课程进行学习。

2）师资力量

罗马大学罗马尼亚语课程师资共 1 人：

Angela Taratino，博士，教授

3）培养方案

语言文化文学翻译专业[①]

罗马大学语言文化文学翻译专业，面向意大利招生。教育类型为全日制，学制 3 年，授课语言为意大利语和相应的语种。

学生修满 180 学分后可获得本专业学士学位证书。语言 1 和语言 2 不分主次。

①第一学年

必修模块：

语言类课程：语言 1 一（12 学分）、语言 2 一（12 学分）

文学类课程：语言 1 国文学一（6 学分）、语言 2 国文学一（6 学分）

语言学课程：普通语言学（6 学分）

选修模块：

意大利文学和比较文学课程（12 学分，择一门）：意大利文学一（12 学分）、文学批评

比较文学导论（12 学分）、当代意大利文学（12 学分）

②第二学年

必修模块：

语言类课程：语言 1 二（12 学分）、语言 2 二（12 学分）

文学类课程：语言 1 国文学二（6 学分）、语言 2 国文学二（6 学分）

选修模块：

语言学课程（6 学分，择一门）：罗曼语言学原理（6 学分）、芬兰

---

① "Languages, Cultures, Literature, Translation", UniRoma1.it. [https://corsidilaurea.uniroma1.it/en/corso/2024/31813/cds]

乌戈尔语言学（6学分）、斯拉夫语言学（6学分）、日耳曼语言学导论（6学分）

其他选修课程（大二和大三两学年共修满18学分）：本系开设的其他学生未选课程

其他模块：

学生自选课程（6学分）

③第三学年

必修模块：

语言类课程：语言1三（6学分）、语言2三（6学分）

文学类课程：语言1国文学三（12学分）、语言2国文学三（12学分）

选修模块：

近现代史（6学分，择一门）：当代史—原则（6学分）、现代史（6学分）、中世纪史（6学分）

其他选修课程（大二和大三两学年共修满18学分）：本系开设的其他学生未选课程

其他模块：

学生自选课程（6学分）

培训（6学分）

毕业考试（6学分）

3.4. 匈牙利

匈牙利仅有罗兰大学一所高校开设包含罗马尼亚语的学位课程。本节将深入研究罗兰大学与罗马尼亚语相关本科学位专业人才培养情况，包含专业介绍、师资力量、课程设置等方面。

罗兰大学 （Eötvös Loránd University）

1）基本情况

罗兰大学人文学院罗曼语研究中心罗马尼亚部开设三种罗马尼亚语学位课程：罗曼语语言与文化—罗马尼亚语（本科）、罗马尼亚语言与文学（硕士）、罗马尼亚语言与文学（教师硕士）。本节将重点介绍罗兰大学本科阶段罗马尼亚语专业人才培养情况。

罗兰大学罗马尼亚部成立于 1863 年，现有师资 4 人：

Levente Nagy，博士，教授，罗马尼亚语部主任

Barna Ábrahám，副教授

Florin Cioban，讲师

Ferenc Vincze，助理教授

2）培养方案

罗曼语语言与文化—罗马尼亚语专业（本科）[①]

罗兰大学曼语语言与文化—罗马尼亚语专业，面向匈牙利及全球招生。教育类型为全日制，学制 3 年，授课语言为罗马尼亚语、法语和英语。每年招生，招生规模 1—5 人。

学生修满 180 学分后可获得本专业学士学位证书。

课程设置[②]：

①第一学年

必修模块：

语言类课程：罗马尼亚语语法 1（3 学分）、罗马尼亚语语法 2（2 学分）、罗马尼亚语语法 3（2 学分）、罗马尼亚语语法 4（2 学分）。

国情类课程：罗马尼亚人史 1（3 学分）、罗马尼亚人史 2（3 学分）、罗马尼亚语考试（2 学分）。

[①] "Romance Philology and Cultures Specialized in Romanian Studies BA", ELTE.hu. [https://www.elte.hu/en/neo-latin-languages-and-cultures-specialized-in-romanian-studies-ba]

[②] "BACHELOR (BA) 2019 ", ELTE.hu. [https://btk.elte.hu/dstore/document/2782/BA%20Limbi%20%C8%99i%20culturi%20neolatine%20%28specializare%20%C3%AEn%20limba,%20literatura%20%C8%99i%20cultura%20rom%C3%A2n%C4%83%29%20%28BA%29%20%282019--%29.pdf]

选修模块：

语言类课程：当代罗马尼亚语 1（2学分）、当代罗马尼亚语 2（2学分）、当代罗马尼亚语 3（2学分）、当代罗马尼亚语 4（2学分）

②第二学年

必修模块：

语言类课程：罗马尼亚语语法 5（3学分）、罗马尼亚语语法 6（2学分）、罗马尼亚语语法 7（3学分）、罗马尼亚语语法 8（2学分）、当代罗马尼亚语 5（3学分）、当代罗马尼亚语 6（2学分）、当代罗马尼亚语 7（3学分）、当代罗马尼亚语 8（2学分）

文学类课程：罗马尼亚文学史 1（古代文学）（4学分）、罗马尼亚文学史 2（启蒙主义和浪漫主义）（4学分）、罗马尼亚文学史 2（3学分）

国情类课程：罗马尼亚国情 1（4学分）、罗马尼亚国情 2（4学分）、民俗 1（2学分）、民俗 2（2学分）

③第三学年

必修模块：

语言类课程：罗马尼亚语简史 1（2学分）、罗马尼亚语简史 2（2学分）、当代罗马尼亚语 9（2学分）、当代罗马尼亚语 10（3学分）、当代罗马尼亚语 11（2学分）。

文学类课程：罗马尼亚文学史 3（埃米内斯库及同时代作家）（4学分—考试）、罗马尼亚文学史 3（3学分—研讨）、罗马尼亚文学史 4（—1944）（4学分—考试）、罗马尼亚文学史 4（3学分—研讨）、罗马尼亚文学史 5（1944—）（4学分—考试）、罗马尼亚文学史 5（3学分—研讨）。

国情类课程：巴尔干研究导论（4学分）。

其他模块：学生自选课程（18学分）、毕业论文（6学分）、毕业考试（6学分）、罗马尼亚语语言学选修课程（50学分，以研讨课为主）。

3.5. 中国

中国当前有 7 所高校招收罗马尼亚语专业学生（本科）：北京外国语

大学、北京第二外国语学院、西安外国语大学、天津外国语大学、四川外国语大学、北京语言大学、上海外国语大学。北京外国语大学为我国最早开设罗马尼亚语专业的高校（1956 年），目前有本、硕、博三个专业培养点。其他高校多是近年来为服务国家"一带一路"倡议复建或新建罗马尼亚语专业（本科），河北经贸大学曾于 2017 年招收一届罗马尼亚语专业学生，目前未再招收学生。本节重点研究复建或新建高校罗马尼亚语专业人才培养情况，以北京第二外国语学院为例，重点介绍专业情况、师资力量、课程设置等方面。

北京第二外国语学院

1）历史沿革

北京第二外国语学院 1965 建立罗马尼亚语专业，后关停。2016 年复建罗马尼亚语专业，复建时归属中欧语学院，2017 年招收首届本科生。2018 年 12 月专业随中欧语学院并入欧洲学院[①]。2020 年 12 月专业归入新设立的欧洲学院法意罗（法兰西—意大利—罗马尼亚）系。

2）师资力量

本校本专业现有教师 4 名，其中外教 1 名：

王欣，博士，讲师，教研室主任

刘建荣，在读博士，讲师

吴筱钰，硕士，助教

Enea Dumitru-Sorin，博士，讲师

3）招生学习

本校本专业复建以来已招生 4 级 4 班，分别是：2016 级北京市贯通培养实验项目 1 班，2016、2017 级、2020 级、2023 级本科各 1 班，各班人数见表 2：

---

① 《欧洲学院》，BISU.edu.cn。[https://xiouyu.bisu.edu.cn/]

表 2 　北二外罗马尼亚语专业招生情况统计表

	入学年份	毕业年份	人数
贯通培养实验班	2016	2023	12
统招本科班	2017	2021	16
统招本科班	2020	2024	15
统招本科班	2023	2027	10

4）培养方案

本校本专业面向全国招生，教育类型为全日制，学制 4 年，授课语言为中文、罗马尼亚语。根据需求制定招生计划，一般每隔三年招生一次，招生规模 10—15 人。

学生修满 164 学分后可获得本专业学士学位证书。1 学分对应课堂 17 学时。

核心课程：括初级罗马尼亚语 I/II、中级罗马尼亚语 I/II、高级罗马尼亚语 I/II、初级罗马尼亚语视听说与译术 I/II、中级罗马尼亚语视听说与译术 I/II、高级罗马尼亚语视听说与译术 I/II、罗马尼亚语语音和词汇、罗马尼亚语阅读、罗马尼亚语写作。

特色课程：罗马尼亚语口译、罗马尼亚语笔译、罗马尼亚语报刊选读与翻译、论文指导与写作、翻译学导论、语言学导论、罗马尼亚影视作品鉴赏与翻译、跨文化交际。

培养方向课程：包括欧洲文化导论、中罗关系史、罗马尼亚历史、罗马尼亚文学导论、中国文化（罗马尼亚语）、中国国情（罗马尼亚语）、罗马尼亚国情（中文）。

4. 比较与讨论

4.1. 归属结构

本文中 5 所院校罗马尼亚语专业归属大体分为三类：一是按照语种划

分，将之放在罗曼语研究单位。如：德国耶拿大学（罗曼语研究学院）、匈牙利罗兰大学（罗曼语研究中心）。另一种是按照地域划分，将之放在带有"东欧"、"欧洲"字段的单位，如意大利罗马大学（欧洲、美洲跨文化研究学院）、英国伦敦学院（斯拉夫和东欧研究学院）。还有一种则是综合语言和地域两方面因素，如北京第二外国语学院（欧洲学院法意罗系）。

4.2. 专业类型分析

通过研究英国、德国、意大利、匈牙利和中国罗马尼亚语专业及课程设置情况，不难发现除中国和匈牙利之外，以罗马尼亚语作为招生专业的高校数量较少，且这些高校中涉及罗马尼亚语学位专业的多为复合专业或双语专业（见表3），多数高校仅开设罗马尼亚语语非学位课程，作为辅修或选修课存在。

表3　本研究目标高校罗马尼亚语专业名称列表

学校名称	国家	专业1	专业2	专业3
伦敦大学学院	英国	罗马尼亚语和东欧研究专业	语言与文化专业	罗马尼亚语+1门现代语言专业
耶拿大学	德国	罗曼语研究专业	东南欧研究专业	经济+语言专业
罗马大学	意大利	语言、文化、文学、翻译专业		
罗兰大学	匈牙利	罗曼语语言与文化—罗马尼亚语（本科）	罗马尼亚语语言与文化（硕士）	
北京第二外国语学院	中国	罗马尼亚语		

4.3. 学制、学分与学时分析

通过对比分析（表4），发现罗马尼亚以外国家开设罗马尼亚语相关学士学位的学制普遍在 3 年（耶拿大学、罗马大学和罗兰大学），伦敦大学学院和北京第二外国语学院学制 4 年。伦敦大学学院第三年在语言对象国度过（或工或读），其实际培养时间也相当于 3 年。我们分析得出：对于语言类相关专业，学制 3 年为佳。

学时这块，国外高校对于专业学习时间规定比中国国内高校明确，区分了课堂用时和课后用时（包括讲座、自习、考试、反馈等类型）。如德国耶拿大学罗曼语研究专业必修课程：罗马尼亚语语言实践 A1 级别（10 学分）在课程设置中详细规定了课程时间（120 学时）和自习时间（180 学时）的比例。相比与国外，中国国内在学时这块只明确了课堂用时，对于学生课后学习时间缺乏明确的指导。

表 4　本研究目标高校罗马尼亚语专业学制与学时分析

学校名称	国家	学制 / 年	学分
伦敦大学学院	英国	4	180 ECTS
耶拿大学	德国	3	180 ECTS
罗马大学	意大利	3	180 ECTS
罗兰大学	匈牙利	3	180 ECTS
北京第二外国语学院	中国	4	162

4.4. 师资分析

通过对比分析（表 5），发现研究的 5 个国家开设罗马尼亚语学位高校师资数量在 1—5 人之间，其中：复语、复合专业的师资在 1—3 人（如耶拿大学和罗马大学），纯罗马尼亚语招生专业师资在 4 人为佳（如罗兰大学和北京第二外国语学院）。除北京第二外国语学院外（新复建专业，教师最高职称为中级讲师），其他高校罗马尼亚语专业教师最高职称均达高级（教授或副教授）。

表 5 本研究目标高校罗马尼亚语专业师资列表

学校名称	国家	师资数量	最高职称	有无罗马尼亚教师
伦敦大学学院	英国	3+2（兼职）	副教授	有
耶拿大学	德国	2	教授	有
罗马大学	意大利	1	教授	无
罗兰大学	匈牙利	4	教授	有
北京第二外国语学院	中国	4	讲师	有

5. 总结

本文概览英国、德国、意大利、匈牙利和中国 5 国罗马尼亚语高等教育专业人才培养情况，从专业介绍、师资配备、人才培养模式、课程设置等方面具体分析，还从专业归属结构、专业类型、学制、学分、学时和师资等角度横向比较讨论了不同国家不同高校的罗马尼亚语高等教育专业或课程，为中国国内有关非通用语种课程设置研究提供参考。

塞尔维亚语作为外语的高等教育专业或课程设置研究：以哈佛大学和雅盖隆大学为例

曲慧斌 [①]

摘要：塞尔维亚语是塞尔维亚共和国的官方语言。目前全球有近20个国家的高校开设塞尔维亚语课程。本文以美国哈佛大学和波兰雅盖隆大学为例梳理了塞尔维亚境外塞语高等教育专业或课程设置的特点，并为我国相关专业的发展提出参考建议。

关键词：塞尔维亚语、高等教育、专业设置、课程设置

1. 引言

塞尔维亚语是塞尔维亚共和国的官方语言。根据该国宪法，塞尔维亚语使用西里尔字母 [②] 书写。在实际生活中，拉丁字母也可以使用，但根据《语言文字官方使用法》，当官方文件文本以拉丁字母书写时，拉丁字母文本应写在西里尔字母文本之后、下方或右侧。 [③] 全球以塞尔维亚语为母语的人口超过700万，主要分布在塞尔维亚（约561万）和波黑（约100万，集中在塞族共和国） [④]，此外还少量分布在黑山、克罗地亚、北马其顿、

---

① 作者：曲慧斌，女，中国社会院大学博士，北京第二外国语学院欧洲学院俄塞阿保（俄罗斯—塞尔维亚—阿尔巴尼亚—保加利亚）系塞尔维亚语教研室副教授。

② 也可译为契里尔字母。

③ "Zakon o službenoj upotrebi jezika i pisama", Paragraf.rs.[https://www.paragraf.rs/propisi_download/zakon_o_sluzbenoj_upotrebi_jezika_i_pisama.pdf]

④ 波黑有三种官方语言，即波斯尼亚语、塞尔维亚语、克罗地亚语。塞尔维亚语主要在塞族共和国使用。

阿尔巴尼亚等国。

塞尔维亚语属于斯拉夫语族南部斯拉夫语支，与黑山语、波斯尼亚语和克罗地亚语高度近似，语言之间可以互相理解；与马其顿语、斯洛文尼亚语也大致相仿，相当一部分内容可以互相理解。塞尔维亚语与上述语言一样，都起源于古斯拉夫语。1054 年基督教分裂后，塞尔维亚人信奉希腊正教（东正教），继续使用由格拉果尔字母演化而来的西里尔字母，而克罗地亚人和斯洛文尼亚人信奉罗马公教（天主教），开始使用拉丁字母。15 至 19 世纪，塞尔维亚受奥斯曼土耳其帝国统治近 500 年，其语言也吸收了大量土耳其语的词汇。以武克·卡拉季奇（1787—1864 年）为代表的一批语言学家在 19 世纪中叶对塞尔维亚书面语进行了改革，借鉴捷克语严格的音位准则，把塞尔维亚语的西里尔字母标准化，奠定了现代塞尔维亚语的基础。

在南联邦时期（1945—1992 年），出于语言相似性和民族大团结的需要，将官方语言确定为"塞尔维亚—克罗地亚语"或"克罗地亚—塞尔维亚语"，同时采用拉丁字母和西里尔字母书写，两种字母具有同等地位。波黑、黑山等地的语言被视为该语言的方言形式。尽管塞尔维亚语和克罗地亚语在此近 50 年的时间里被"合二为一"，但在实际使用中，塞族人仍然讲塞尔维亚语，克族人仍然讲克罗地亚语，语言差异并未充分融合，所谓的"塞尔维亚—克罗地亚语"或"克罗地亚—塞尔维亚语"更多的是一种政治称谓。南联邦解体后，这种语言便不复存在。独立后的各国纷纷将主体民族的语言作为官方语言，如克罗地亚共和国的官方语言为克罗地亚语，波黑的官方语言为波斯尼亚语、塞尔维亚语和克罗地亚语，黑山的官方语言为黑山语[①]。语言学家们开始"追根溯源"，挖掘本民族语言的独特性，彰显与其他邻近语言的差异性，语言的政治属性更加突出。塞尔维亚共和国也将塞尔维亚语确定为唯一的官方语言，西里尔字母为法定官方字母。

---

① 黑山于 2006 年独立，次年即递交语言代码申请。ISO 639-2 标准管理局于 2017 年 12 月 8 日批准为其分配语言代码 cnr，2007 年 ISO 639-3 管理局 SIL 国际同时确认该代码。

国际学术界尊重前南地区各国对民族和语言的认同，在研究中普遍将塞尔维亚语、克罗地亚语、黑山语、波斯尼亚语等视为独立的语言，但在语言课程设置中，出于对语言相似性和节约教学成本的考虑，一些欧美大学将三种或四种语言合并为一门课程，以"Bosnian/Croatian/Serbian"（简写为 BCS 或 B/C/S，本文以下简写为 B/C/S）或"Bosnian/Croatian/Montenegrin/Serbian"（简写为 BCMS 或 B/C/M/S，本文以下简写为 B/C/M/S）命名。这种课程以其中的一种语言为主体，重视语言间的差异性，通常由来自塞尔维亚、克罗地亚或波黑的不同外教授课。

2. 塞尔维亚境外高校开设塞尔维亚语专业或课程的概况

目前全球有近 20 个国家的高校开设塞尔维亚语课程。数量最多的是基础语言培训课程，零起点至 B1 或 B2 水平，通常由语言中心授课，也向社会公众部分或全部开放。此类课程既可作为斯拉夫研究等相关专业学生的预备课程，也可作为对塞尔维亚语感兴趣的社会公众或塞尔维亚侨民的入门课程，如德国、瑞典、英国、加拿大、澳大利亚等国的部分高校。以英国剑桥大学语言中心为例，该中心设有 B/C/M/S 课程，采用线上自学加下线辅导的模式，具体以哪种语言为核心视学员需求而定。其中的塞尔维亚语课程使用塞尔维亚出版的教材《Naucimo srpski 1-2》和《塞尔维亚语口语》、《塞尔维亚语自学教程》等多媒体教材[①]，学完全部课程达到 B1 至 B2 水平。

第二种是将塞尔维亚语言文学或 B/C/S 作为斯拉夫语言文学、文化研究或其他相关专业的一部分，课程贯穿本科、硕士、博士培养阶段，如美国哈佛大学文理学院斯拉夫语言文学系、英国伦敦大学学院斯拉夫东欧研究院、奥地利格拉茨大学人文学院、波兰雅盖隆大学语言学院、斯洛文尼亚卢布尔雅那大学艺术学院以及法国、意大利、捷克等国的部分高校。

---

① "Bosnian, Croatian, Montenegrin & Serbian", Cam.ac.uk. [https://www.langcen.cam. ac.uk/resources/langb/bosnian.html]

第三种是将塞尔维亚语言文学或 B/C/S 作为一个独立的专业，如波黑巴尼亚卢卡大学语言学院、波黑萨拉热窝大学哲学院、黑山大学语言学院等前南地区国家的高校和北京外国语大学、北京第二外国语学院、天津外国语大学、广东外语外贸大学等中国高校。

中国高校的塞尔维亚语专业正处于从传统的语言文学向跨学科、复合型的国别区域研究转型阶段。由于基础语言培训课程多在学历教育框架外，波黑等前南地区国家塞尔维亚语专业的学生多以塞尔维亚语或与其高度近似的黑山语、波斯尼亚语等为母语，不具可比性，本研究特选取波兰雅盖隆大学的斯拉夫语言学专业和哈佛大学斯拉夫语言文学专业为例，总结归纳其专业和课程设置的特点，以期为我国内塞尔维亚语专业的发展提供有益参考。

3. 案例：波兰雅盖隆大学的斯拉夫语言学专业

雅盖隆大学的斯拉夫语言学专业始于 1818 年，是波兰最古老的语言文学专业之一，在国际学术界享有盛誉。该专业由语言学院设立，用波兰语授课，本科阶段 3 年，含塞尔维亚语、克罗地亚语、保加利亚语、捷克语、斯洛伐克语、保加利亚语与英语、斯洛伐克语与英语 7 个专业方向。学生毕业时需精通所选专业语言，达到 C1 水平，同时还要熟练掌握另一门斯拉夫语言和一门西欧语言或俄语。保加利亚语与英语、斯洛伐克语与英语两个专业的学生毕业时英语要达到 B2+ 的水平。硕士研究生阶段 2 年，含塞尔维亚语翻译、克罗地亚语翻译、保加利亚语翻译、捷克语翻译、斯洛伐克语翻译、斯拉夫语言学、斯拉夫文学 7 个专业方向。主修斯拉夫语要达到 C2 水平，同时还要学习第二斯拉夫语。[①]

3.1. 专业设置（塞尔维亚语方向）

3.1.1. 本科阶段

本科阶段共 6 个学期，必修课包括塞尔维亚语言文学与文化、第二斯

---

① "Slavonic Philology", UJ.edu.pl. [https://studia.uj.edu.pl/en_GB/kierunki/wfilg/filolo.slow]

拉夫语、波兰语、斯拉夫语言与文化、通识教育和外语 5 个模块，共 1906 课时，132 学分。

塞尔维亚语言文学与文化课程：实用塞尔维亚语 I-III（690 学时，46 学分）、塞尔维亚语语法 I-II（120 课时、8 学分）、塞尔维亚文学史 I-IV（160 课时，16 学分）、塞尔维亚语言史 I-II（60 课时，4 学分）、塞尔维亚文学前沿（30 课时，2 学分）、塞尔维亚语翻译 I-II（60 课时，4 学分）、塞尔维亚概况（30 课时，2 学分）、塞尔维亚文化（30 课时，2 学分）。

第二斯拉夫语课程自第三学期开始，共开设 4 个学期，总计 180 课时，12 学分。可选语言包括保加利亚语、克罗地亚语、马其顿语、捷克语、斯洛伐克语和斯洛文尼亚语。

波兰语课程：波兰语语法与文体 I-II（60 课时，4 学分）、诗歌与文学作品赏析 I-II（60 课时，4 学分）。

斯拉夫语言与文化课程：欧洲的斯拉夫文化（30 课时，2 学分）、斯拉夫语言概论（30 课时，2 学分）、旧约语言的语法（60 课时，4 学分）、欧洲背景下的斯拉夫语言学（30 课时，2 学分）。

通识教育课程：语言学入门（30 课时，3 学分）、文学研究概论（30 课时，3 学分）、哲学史（30 课时，4 学分）、拉丁语与古代文化（30 课时，3 学分）、网络传播（30 课时，4 学分）、知识产权保护（6 课时，1 学分）。

外语课：自第三学期开始选择一门西欧语言或俄语，连续学习 4 个学期，共 120 课时，8 学分。

本科阶段的选修课至少要选择 6 门，总计 180 课时，18 学分。可选课程包括国家文化基础、塞尔维亚民俗、了解波斯尼亚、文学中的战争与社会主义南斯拉夫的解体、媒体交流、话语与意识形态、西部和南部斯拉夫方言概述、词汇学与字典编纂基础、翻译理论、天主教、伊斯兰教、东正教——巴尔干斯拉夫人自我认同的代码等 62 门课程，涵盖语言学、文学、社会学、传播学、宗教、人类学等不同领域，内容非常丰富。

学生需撰写毕业论文，答辩通过后获得学士学位。

3.1.2. 硕士研究生阶段

硕士研究生阶段共 4 个学期，必修课包括塞尔维亚语言与翻译、第二斯拉夫语、通识课和研讨课 4 个模块，共 726 课时，108 学分。

塞尔维亚语言与翻译课程：实用塞尔维亚语 IV-V（210 学时，22 学分）、塞尔维亚语翻译 I-II（60 课时，6 学分）、塞尔维亚语技术、法律和经济文本翻译（30 课时、3 学分）、塞尔维亚语科技与人文领域的翻译（30 课时，3 学分）、塞尔维亚语艺术领域的翻译（30 课时，3 学分）、塞尔维亚语商务翻译（30 课时，3 学分）。

第二斯拉夫语课程自第一学期开始，共开设 3 个学期，学生可以从零起点开始，也可在本科阶段的基础上继续学习，总计 120 课时，8 学分。

通识课：数字社会（30 课时，4 学分）、知识产权保护（6 课时，1 学分）。

研讨课：所有学生在第一和第二学期都要参加高级文学研讨课（60 课时，18 学分）和高级语言学研讨课（60 课时，18 学分），在第三和第四学期根据自己的研究方向参加文学硕士研讨课（60 课时，19 学分）或语言学硕士研讨课（60 课时，19 学分）。

选修课为讲座的形式，在南斯拉夫话语、文学和艺术思想、符号学与文化符号学、达尔马提亚：文明的十字路口三门课程中选择一门即可，30 课时，5 学分。

学生需撰写毕业论文，答辩通过后获得硕士学位。

3.2. 师资力量

雅盖隆大学语言学院设有塞尔维亚语言文学系，现有 3 名教授、1 名讲师、2 名助教和 1 名来自塞尔维亚的外教。除外教外，其余全部为波兰本土师资，均毕业于本学院和本专业。

现任系主任为多罗塔·吉尔（Dorota Gil）教授、博士生导师，主要研究领域包括塞尔维亚和黑山的文学与文化，东正教斯拉夫人的精神文化，东正教、东正教会及宗教政治思想（巴尔干地区和俄罗斯）；巴尔干国家的民族与宗教认同；前南斯拉夫各国的文化传统及其在当代文化、社会和政治空间发生的变化等。代表作有《塞尔维亚圣歌及其在民族文化中的作用》、《传统、历史、国家——精神文化在塞尔维亚历史和现代中的地位》、《塞尔维亚—黑山文化圈内的认同困境》等。①

西尔维娅·诺瓦克·巴杰卡尔（Sylwia Nowak-Bajcar）教授，主要研究领域包括20—21世纪的塞尔维亚、克罗地亚和波斯尼亚文学，现代文学（特别是与现代主义和后现代主义有关的问题），文学和文化中的历史痕迹等。代表作有《面对时代挑战的塞尔维亚后现代主义散文》、《伊沃·安德里奇的克拉科夫传记》、《波兰语—塞尔维亚语短语手册》等②

萨宾娜·吉尔吉尔（Sabina Giergiel）教授，主要研究领域为20—21世纪的塞尔维亚、克罗地亚文学，重点是大屠杀和战后背景下的文学记忆。代表作有《后南斯拉夫时代散文中的记忆与遗忘实践》、《塞尔维亚和克罗地亚罗姆人大屠杀的文化地图》等。

3.3. 毕业生去向

斯拉夫语言学专业的学生毕业后可继续攻读文学、语言学等方向的博士，或从事翻译、编辑、教师、记者、外交、行政等工作。由于突出的多语言优势，很多毕业生会在与保加利亚、塞尔维亚、克罗地亚、捷克、斯洛伐克等国有关的文化机构或跨国公司工作。

4. 案例：美国哈佛大学斯拉夫语言文学专业

哈佛大学文理学院斯拉夫语言文学系开设 B/C/S 课程，跨本科和研究生两个阶段，多数课程向其他院系的学生开放，可以选修。

4.1. 历史沿革

斯拉夫语言文学教学在哈佛大学已有一百多年的历史，最初是由俄罗

---

① "Dorota Gil", UJ.edu.pl. [https://ifs.filg.uj.edu.pl/dorota-gil]

② "Sylwia Nowak-Bajcar ", UJ.edu.pl. [https://ifs.filg.uj.edu.pl/sylwia-nowak-bajcar]

斯犹太裔翻译兼研究员利奥·维纳（Leo Wiener）于 1896 年 10 月开设了俄语、波兰语和古教会斯拉夫语课程。一战后，随着捷克和斯洛伐克的崛起，维纳于 1920 年又引入了"波希米亚语"（现为"捷克语"）。1933 年，哈佛大学正式设立斯拉夫语言文学专业，并引入了塞尔维亚—克罗地亚语，与波兰语和波希米亚语轮流学习三年。1939 年，又增加了乌克兰语。1949 年 1 月，斯拉夫语言文学系正式成立，俄罗斯和东欧诸国的文学研究和斯拉夫语言学研究蓬勃发展。自 20 世纪 70 年代起，斯拉夫语言文学系开始与除了对象国以外的其他美国研究型大学建立广泛的合作，哈佛大学的斯拉夫研究进入了新时代。①

如今，斯拉夫语言文学系研究和教授斯拉夫语言、语言学、文学、电影、艺术和文化史，鼓励学生采用跨学科的方法，超越斯拉夫文化本身的框架，在更广泛的文化生产背景下看待文学。

4.2. 专业与课程设置

4.2.1. 本科阶段斯拉夫文学与文化专业

该专业分俄罗斯文学与文化和中欧研究两大方向。课程设置以文学、艺术和文化类为主，但同时也涵盖政治、历史、语言学、人类学等其他领域，目标是为学生继续攻读斯拉夫语、比较文学、历史或其他专业的研究生课程做好准备。基本毕业要求为修满 11 门课程，44 学分。获得荣誉学位需修满 12 门课程，48 学分。

必修课程包括：4 门俄语课或 4 门斯拉夫语言课（B/C/S、波兰语、捷克语、乌克兰语可选）；斯拉夫文学与文化简介；2 门 100-level 斯拉夫文学或文化课程；自选 3 门斯拉夫语系或其他系开设的其他课程（语言、文学、比较文学、语言学、斯拉夫相关的通识教育课程、音乐、历史、行政管理等均可）。

---

① "History", Harvard.edu. [https://slavic.fas.harvard.edu/pages/history-slavic-languages-and-literatures-harvard-university]

非荣誉学位的毕业论文（斯拉夫语 99a）可以是一篇 25—30 页的研究论文或带注释的翻译作品。荣誉学位要求在两个学期内首先完成"斯拉夫语 99a"，然后再完成"斯拉夫语 99b"。①

4.2.2. 本科阶段以斯拉夫语言文学为主体的联合专业

该专业毕业要求修满 9 门课程，36 个学分。必修课程包括：两个学期的俄语课程或斯拉夫语言课程（B/C/S、波兰语、捷克语、乌克兰语可选）；斯拉夫文学与文化简介；2 门 100-level 斯拉夫文学或文化课程；自选 2 门斯拉夫语系或其他系开设的其他课程。获得荣誉学位的毕业论文要求在两个学期内首先完成"斯拉夫语 99a"，然后再完成"斯拉夫语 99b"。

4.2.3. 本科阶段以斯拉夫语言文学为辅的联合专业

该专业毕业要求修满 6 门课程，24 个学分。必修课程包括：两个学期的俄语课程或斯拉夫语言课程（B/C/S、波兰语、捷克语、乌克兰语可选）；斯拉夫文学与文化简介；1 门 100-level 斯拉夫文学或文化课程；自选 1 门斯拉夫语系或其他系开设的其他课程。

4.2.4. 研究生阶段

斯拉夫语言文学系不招收硕士生，但在合格完成博士候选人的半数课程（8 门课程）后，可以申请硕士学位。研究生阶段开设俄罗斯、捷克、波兰、乌克兰、波斯尼亚、克罗地亚和塞尔维亚文学、语言学及文化课程，此外还有跨斯拉夫文化跨学科的比较研究。学生亦可与各自专业领域的教师密切合作，创建以特定兴趣为导向的课程。

斯拉夫语言文学系与哈佛大学戴维斯俄罗斯欧亚研究中心深度合作，参与该中心为期两年的俄罗斯、东欧、中亚区域研究文学硕士项目（REECA），为学生提供区域历史、政治、文化、社会和语言方面的联合培养。②

---

① 99a 和 99b 均为论文指导课程。

② "Concentration Requirements", Harvard.edu. [https://slavic.fas.harvard.edu/pages/basic-requirements]

4.3. 师资力量

斯拉夫语言文学系现有 10 位教授、2 位副教授和 8 位讲师。现负责 B/C/S 语言文学课程的是塔蒂阿娜·库兹米奇（Tatiana Kuzmic），讲师，代表作为专著《欧洲小说中的家庭政治和民族焦虑》。

4.4. 毕业生去向

主修斯拉夫语言文学的毕业生主要从事学术研究、新闻、金融及影视等。[①]跨学科联合培养项目的毕业生去向更加宽泛，还包括政府部门、军队、商业企业等。

5. 分析与建议

塞尔维亚语或 B/C/S 课程在雅盖隆大学和哈佛大学均为斯拉夫语言文学专业的一部分，但由于两个专业的定位不同，塞尔维亚语或 B/C/S 课程的地位、培养目标以及师资力量存在很大差异。

雅盖隆大学的斯拉夫语专业偏向传统的外语专业设置，以培养多语种复语型人才和西南斯拉夫文学与文化领域的专家为目标。塞尔维亚语作为专业方向之一，可以占据核心地位，师资团队力量雄厚。以本科课程为例，在全部必修课程中，塞尔维亚语相关课程达到了 1120 课时，占总必修课时的 58.76%。雅盖隆大学立足外语教学，但同时还提供了丰富的选修课资源，涉及语言学、文学、社会学等不同领域，培养学生成为精通外语、理解文化、了解对象国国情的复合型人才。

哈佛大学的斯拉夫语言文学专业更偏向跨专业复合的设置，文学、艺术和文化类课程占主体，目标是为学生继续攻读斯拉夫语、比较文学、历史或其他专业的研究生课程做好准备，充分体现了美国大学本科阶段通识教育的特点。B/C/S 仅作为 4 门斯拉夫语课程的其中之一，课时较少，发挥辅助语言工具的作用，仅有 1 名讲师负责该课程。尽管哈佛大学弱化了

---

① "Undergraduate Alumni Pathways", Harvard.edu. [https://slavic.fas.harvard.edu/undergraduate-alumni-pathways]

外语教学，但为学生提供了宽泛灵活的跨专业、跨系别选课机制，在更大程度上满足学生个性化发展的需求。斯拉夫语言文学系还设立了包含斯拉夫语言文学的"联合专业"，超越斯拉夫文化本身的框架，对学生进行政治、历史、人类学、传播学等更多元的跨学科培养。

两所大学代表了当前塞尔维亚境外塞尔维亚语高等教育专业或课程设置的两种主要模式，可供我国高校参考。

首先，用"斯拉夫语"打破单一外语专业的局限，为学生提供了更广阔的发展空间。我国开设塞尔维亚语的高校均拥有丰富的教学资源，"塞尔维亚语＋第二斯拉夫语＋英语"的模式具备可行性。

第二，拓宽辅修或选修课的范围。随着人工智能的发展，外语专业培养翻译的作用不断弱化，需要引入更多其他专业的资源来完成"复合型"人才培养。雅盖隆大学为斯拉夫语专业的学生提供了62门选修课。哈佛大学除选修课外，还直接开放了3门必修课，学生可在本系或其他院系开设的课程中任选，不受专业限制。这样的做法值得借鉴。

第三，我国塞尔维亚语专业尚无研究生培养计划，跨机构联合培养的模式可以借鉴。目前我国的塞尔维亚语师资非常有限，难以支撑研究生阶段的教学。哈佛大学文理学院斯拉夫语言文学系与戴维斯俄罗斯欧亚研究中心联合培养硕士的项目模式既可以弥补师资不足，也有利于提升研究水平，更适合国别区域研究方向的研究生培养。

斯洛文尼亚语在斯洛文尼亚共和国境内外的教学

耶内·库斯特尔① 蒋 璐②

摘要：斯洛文尼亚语是斯洛文尼亚共和国官方语言，也是主要民族斯洛文尼亚族的母语，并通行于与斯洛文尼亚接壤的匈牙利、奥地利和意大利等国部分地区，总使用人口达 200 万。2004 年 5 月斯洛文尼亚共和国加入欧盟，斯洛文尼亚语成为欧盟 24 种官方语言之一，并在全球高校包括中国开设相应课程。

关键词：斯洛文尼亚共和国、斯洛文尼亚语、斯洛文尼亚语作为外语

1. 斯洛文尼亚语的类属

西方现代语言学研究认为，多数欧洲语言源自印欧语系原始语言或谓原始印欧语。根据音系特征，印欧语系分为两个类型：K 型或西侧型（包括日耳曼、罗曼、凯尔特和希腊语）以及 C 型或东侧型（包括阿尔巴尼亚、亚美尼亚、波罗的、伊朗、印度和斯拉夫语等）。斯拉夫语言从原始斯拉夫语演变而来，并根据其特点分为西斯拉夫语言（包括波兰语、索布语、捷克语、斯洛伐克语）、东斯拉夫语言（包括俄语、白俄罗斯语、乌克兰语），以及南斯拉夫语言（包括保加利亚语、北马其顿语、波斯尼亚语、克罗地

---

① 作者：耶内·库斯特尔（Jernej Kusterle），男，斯洛文尼亚人，斯洛文尼亚卢布尔雅那大学博士，斯洛文尼亚采列（Celje）第一高中教师，2018—2021 年曾任北京第二外国语学院斯洛文尼亚语专业外教，2019—2021 年曾任北京第二外国语学院欧洲学院斯洛文尼亚语教研室主任。

② 编译者：蒋璐，女，北京第二外国语学院英语教授，欧洲学院院长，学术委员会主任，教育部备案国别区域研究中心希腊研究中心执行主任。

亚语、塞尔维亚语和斯洛文尼亚语）。[①]

2. 独立（1991 年）前斯洛文尼亚语的历史背景

1991 年斯洛文尼亚独立之前，语言发展经历了多个阶段，现存最古老的记录可以追溯到 10 世纪[②]。中世纪时期基督教化时期（公元 972—1039 年）创建了三座布里津斯基[③]纪念碑，第一和第三座用于祈祷或一般忏悔，第二座用于罪恶和忏悔布道，其碑文用卡洛林体小写字母写成，这是目前所知最古老的斯洛文尼亚文本，也是拉丁字母中最古老的斯拉夫文字。卡洛林体小写字母是一种基于拉丁文小写字母的书写形式，其设计初衷是为了使礼拜仪式更贴近普通人，便于他们使用能够理解的母语进行交流。

但是，斯洛文尼亚民族当时并非独立国家，在接下来的几个世纪里，语言发展比较缓慢。其中圣典功能仍然占据主导地位，对切洛夫斯基或拉特什基手稿（约 1380 年）、斯蒂卡手稿（约 1428—1440 年）等作品产生影响。

16 世纪的新教运动中，语言得到极大发展，民族认同发生了重要的变化。1550 年，斯洛文尼亚新教传教士普里莫兹·特鲁巴尔（Primož Trubar，1508—1586）首次出版了两本用斯洛文尼亚语印刷的字母表和教理问答书[④]，斯洛文尼亚语成为一种具备文学性和高级语言特征的语言。在历史上，作者首次使用"斯洛文尼亚人"这个词来称呼各个社会阶层的成员，

---

① Bavdek Mojca, Poznanovič Mojca, Križaj Martina, Bešter Turk Marja, Končina Marija: *Na pragu besedila 2*, Ljubljana: Rokus Klett, 2019, 52.

② 这些文本可能在 8 世纪末形成，但后来才被转录为当时的斯洛文尼亚语形式。

③ 布里津斯基（Brižinski），位于斯洛文尼亚西北部，拥有令人叹为观止的自然风光、丰富的文化遗产和独特的建筑风格。纪念碑的名称与其发现的地方有关。据说这些文本是在德国的弗赖辛镇发现的，该镇被称为布里日尼。

④ 1550 年，特鲁巴尔在他的著作中使用了古老的德意志哥特式字体。五年后，他重新出版了这本书，并改用了经过修订的拉丁字母字体。这种字体之后又被他同时代的塞巴斯蒂扬·克雷利、尤里·达尔马廷和亚当·博霍里奇进一步改进，后来我们称其为博霍里奇卡字体。

包括农民、贵族、市民、牧师和传教士 ①。

随后，1584 年，新教学者和语法学家亚当·博霍里奇（Adam Bohorič）以《冬季自由时间（*Arcticae horulae succisivae*）》为题出版了斯洛文尼亚语第一部语法书和篇幅较短的《冬季手册（*Arcticae horulae*）》。

16 世纪和 17 世纪之交，《四语言词典（*Dictionarivm qvatvor lingvarum*）》于 1592 年出版，其中收录了德语、拉丁语、斯洛文尼亚语和意大利语的词汇。该词典由博学者希罗于尼姆·梅吉瑟（Hieronim Megiser，1554/55—1619）编写。1607 年，历史学家和语言学家阿拉西·达·索马里佩（Alasie da Sommaripe，约 1578—1626）出版《意大利语斯拉夫语词典（*Vocabolario Italiano e Schiavo*）》。

以上为斯洛文尼亚语的研究奠定了初步的基础。18 世纪下半叶和 19 世纪上半叶出版了更多的语法著作，其中包括马尔科·波林（Marko Pohlin，1735—1801）于 1768 年出版的《卡尼奥兰语法》，瓦伦丁·沃德尼克（Valentin Vodnik，1758—1819）于 1811 年出版的《第一所学校的识字或语法》以及 Jernej Kopitar（1780—1844）等人于 1809 年撰写并发表的《卡尼奥拉、克恩顿州和施蒂利亚州斯拉夫语语法》。 弗兰·列韦克（Fran Levec，1846—1916）于 1899 年首次提出了斯洛文尼亚正字法，也被称为列韦克（Levec）正字法。随后，语言学家、牧师安东·布雷兹尼克（Anton Breznik，1881—1944）于 1920 年制定斯洛文尼亚正字法，即所谓的布雷兹尼克正字法。之后，安东·布雷兹尼克与语言学家弗朗茨·拉莫夫什（Fran Ramovš，1890—1952）于 1935 年合作发布布雷兹尼科—拉莫夫什（Breznik-Ramovš）正字法。目前，斯洛文尼亚语的标准化教科书包括以结构主义为导向的斯洛文尼亚语语法（1976 年第一版、1984 年更新版、1991 年第二版重印版、2000 年修订和扩展版第二版、2004 年第三版）和

---

① Jernej Kusterle: "Gȑdo znotraj filozofske in krščanske estetike: primer slovenskih zgodnjenovoveških verznih besedil", Lea Kuhar, et al. (ur.): *Platforma 3*, 140–156, Ljubljana: Založba ZRC, 2022, 144.

扩展的斯洛文尼亚语正字法（2001 年第一版、2003 年修订平装本和电子版第二版、2008 年修订精装本第三版，2010 年和 2014 年电子版本），以及理论（规则）也被称为托波里希奇（Toporišič）正字法——该正字法由斯洛文尼亚语言学家何塞·托波里希奇（Jože Toporišič，1926—2014）研发。另一重要成果是由"斯洛文尼亚语研究所 ZRC SAZU Fran Ramovš[①] 词典学部门编辑团队"协力完成《斯洛文尼亚书面语言词典（*SSKJ*）》，该词典信息丰富且规范，最初分为五卷：1. A—H（1970 年）、2. I—Na（1975 年）、3. Ne—Pren（1979 年）、4. Preo—Š（1985 年）和 5. T—F 和附录 A—Š（1991 年）。

3. 独立（1991 年）后斯洛文尼亚语的地位

几个世纪后，斯洛文尼亚民族生活在多民族社区或外国统治下，例如萨摩亚部落联盟（622/626—658）、卡兰塔尼亚（7—9 世纪）、卡尼奥拉（8—9 世纪）、法兰克帝国（9 世纪）、匈牙利帝国（9—10 世纪）、神圣罗马帝国（10—11 世纪）、哈布斯堡王朝（1526—1804）、伊利里亚省（1809—1813），奥匈帝国（1867—1918），斯洛文尼亚—克罗地亚—塞尔维亚国（1918 年 10 月 29 日至 12 月 1 日）、塞尔维亚—克罗地亚—斯洛文尼亚王国（1918 年 12 月 1 日至 1929 年 10 月 3 日）、南斯拉夫王国（1929 年 10 月 3 日至 1945 年 11 月 29 日）、南斯拉夫联邦人民共和国（1945 年 11 月 29 日至 1963 年 4 月 7 日）、南斯拉夫社会主义联邦共和国（1963 年 4 月 7 日至 1991 年 7 月 25 日 /1992 年 4 月 27 日）。

1990 年 12 月 23 日，就斯洛文尼亚社会主义共和国从南斯拉夫社会主义联邦共和国分离和独立问题举行公民投票，并于 1991 年 6 月 25 日宣布斯洛文尼亚议会民主共和国独立，为此，斯洛文尼亚共和国国民议会于

---

① "Uvod", *Slovar slovenskega knjižnega jezika* (druga, dopolnjena in deloma prenovljena izdaja), Fran.si.[https://fran.si/133/sskj2-slovar-slovenskega-knjiznega-jezika-2/datoteke/SSKJ2_Uvod.pdf]

1991 年 12 月 23 日批准了《斯洛文尼亚共和国宪法》。斯洛文尼亚人首次在历史上拥有了自己的国家，斯洛文尼亚语成为唯一的官方语言。该语言已广泛应用于普通民众之间以及国家机构层面的书面和口头交流，这些机构包括共和国总统、政府、议会、法院、军队和警察[①]等。同时，斯洛文尼亚语被赋予了官方语言地位，这意味着所有行政单位、市政当局、学校以及其他公共机构和组织都必须全面使用斯洛文尼亚语开展工作[②]。唯一例外是土著民族社区所在意大利语和匈牙利语地区，那里的官方语言是意大利语和匈牙利语，也包括斯洛文尼亚语[③]。

斯洛文尼亚语是斯洛文尼亚共和国大多数居民的母语或首选语言，相对其他语言，当地人较早地学习斯洛文尼亚语，具备识字能力并能够思考、形成和接受新的语言信息及情感等，并在此基础上更轻松、更快捷地获取第二语言/外语。不仅斯洛文尼亚国内人群将斯洛文尼亚语作为母语或首选，海外居住的斯洛文尼亚人，例如在意大利、奥地利、澳大利亚、阿根廷、美国、克罗地亚、匈牙利和爱尔兰等地也是如此，他们通过与讲斯洛文尼亚语的父母（至少双亲中一位）交流来学习斯洛文尼亚语。[④]

对于斯洛文尼亚居民中那些以克罗地亚语、塞尔维亚语、波斯尼亚语、马其顿语、意大利语、匈牙利语、阿尔巴尼亚语和汉语为母语的人来说，斯洛文尼亚语的地位有所差别。斯洛文尼亚语可以作为第二外语（个人在掌握第一种母语之后学习的外国或区域性官方/工作用途的通用交流工具）或环境所得语言（个人因生活环境而自然习得的语言）。除了在斯洛文尼亚国内不同程度上使用，斯洛文尼亚于 2004 年 5 月 1 日加入欧盟时，斯洛文尼亚语就成为欧盟 20 种官方和工作用途语言之一，现为欧盟 24 种官

---

① Bavdek Mojca, Poznanovič Mojca, Križaj Martina, Bešter Turk Marja, Končina Marija: *Na pragu besedila 2*, 28.

② 同上文献，第 29 页。

③ "Ustava RS: 64. člen", *Uradni list RS* 33/1991-I (1991-12-28), 1373–1386, 1377.

④ Martina Križaj, Marja Bešter Turk, et al.: *Na pragu besedila 2: Izdaja s plusom*, 27.

方语言之一。[①]

4. 斯洛文尼亚教育体系中的斯洛文尼亚语

随着 1991 年 6 月 25 日斯洛文尼亚共和国宣布民族独立，斯洛文尼亚语成为该国的国家和官方语言，在教育体系中扮演重要角色。根据《教育组织和筹资法》第 3 条规定，在意大利民族社区居住地区，幼儿园和学校采用意大利语进行教学；而在匈牙利民族社区居住地区，则实行双语制度，即使用斯洛文尼亚语和匈牙利语进行教育过程。[②]

自独立以来，斯洛文尼亚语一直是斯洛文尼亚共和国教育体系的基础，在整个教育领域被用作教学语言。根据 2024 年教育发展部门的规定，斯洛文尼亚语不仅是教学语言，还是各学科的授课语言[③]。这意味着整个教育过程都以斯洛文尼亚语进行。唯一例外的是少数民族成员（意大利人和匈牙利人）居住地区的小学和中学，在那里除了使用斯洛文尼亚语外，还使用意大利语和匈牙利语。此外，根据斯洛文尼亚共和国教育、科学和体育部以及斯洛文尼亚共和国教育研究所 2018 年更新版的小学课程计划《斯洛文尼亚语课程》，中小学教育规定将斯洛文尼亚语作为必修科目之一，其中包括语言和文学。9 年制小学阶段，斯洛文尼亚语教学时长 1631.5 小时[④]。

一般来说，在普通高中和职业高中，四年里总共设置有 560 个学时，每年 140 个学时，其中一半学时用于语言学习，另一半用于文学学习。小学九年级结束时，有一场全国知识测试（NKT），考斯洛文尼亚语或意大利语或匈牙利语、数学以及第三门科目；文法学校课程第四年结束时，要

[①] 同上文献，第 28 页。

[②] "Jeziki v vzgoji in izobraževanju", Gov.si. [https://www.gov.si/teme/jeziki-v-vzgoji-in-izobrazevanju/]

[③] 2024 年，教育发展司将斯洛文尼亚语作为教学和学科语言应用于教育领域。参考文献同上。

[④] *Program osnovna šola: slovenščina – učni načrt (posodobljena izdaja)*, Ljubljana: MIZŠ, ZRSŠ, 2018, 0.

进行普通中学毕业会考或成熟考试，考试分为选考部分和必考部分。必考部分除了数学和第一外语（英语、法语、意大利语、德语、俄语或西班牙语）外，斯洛文尼亚语也是必考科目，其考试分为三部分：作文、笔试和口试。该段为重译。

就高等教育而言，卢布尔雅那大学成立于 1919 年，是斯洛文尼亚历史最悠久、规模最大的大学。按时间顺序和规模排在其后的分别是 1975 年成立的马里卜尔大学（UM），2003 年成立的滨海边境区大学（UP），以及 2006 年成立的新戈里察大学（UNG）。斯洛文尼亚语可以作为卢布尔雅那大学文学院独立的学习计划之一。例如，在卢布尔雅那大学文学院，有斯洛文尼亚研究（第一、第二、第三周期）可供选择，其中第一周期是本科阶段，第二周期是硕士阶段，而第三周期则是博士阶段。

5. 斯洛文尼亚语作为第二语言 / 外语及其在世界各大学的教学

斯洛文尼亚语还拥有"第二语言"或外语的地位，以这种形式出现在全球范围内的语言课程或讲座中，供学习者使用。负责斯洛文尼亚语作为第二语言和外语事务，并管理这一领域的总机构是"斯洛文尼亚语作为第二语言及外语中心"，该中心隶属于卢布尔雅那大学文学院斯洛文尼亚学系。尽管这个机构实体在 1991 年才正式得名，但从理念上来说，它早在 1965 年就已存在，当时卢布尔雅那大学文学院的斯拉夫语言文学系（2002 年该系拆分成了斯洛文尼亚学系和斯拉夫学系）组织了首届斯洛文尼亚语言、文学与文化研讨会。[①]

多年来，斯洛文尼亚研究计划不断发展。截至 2019—2020 学年，全球 62 所大学开设了斯洛文尼亚语言、文学和文化的教学课程。根据教师 /

---

① Breda Pogorelec: "Center za slovenščino kot drugi/tuji jezik", Marja Bešter, Erika Kržišnik (ur.): *Center za slovenščino kot drugi/tuji jezik*, 7–15, Ljubljana: Center za slovenščino kot drugi/tuji jezik pri Oddelku za slovanske jezike in književnosti FF UL, 1999, 14.

讲师的资金来源，斯洛文尼亚研究可分为 A 型（由斯洛文尼亚共和国全额资助）、B 型（由斯洛文尼亚共和国和主办大学共同资助）以及 B1、B2、C 三个子类型。这些课程遍布意大利、奥地利、德国、阿根廷等多个国家。①

6. 中国的斯洛文尼亚语教学

中国多所大学开设斯洛文尼亚语课程，其中北京外国语大学最早开展斯洛文尼亚语教学。该校从 2009 年开始提供选修课程，2018 年招收首批本科生。鲍捷曾于 2011 年 9 月至 2021 年 9 月间任北京外国语大学斯洛文尼亚语教研室主任，后离职。

北京第二外国语学院是开办斯洛文尼亚语教学的又一所中国高校。响应"一带一路"倡议，北京第二外国语学院于 2017 年设立斯洛文尼亚语专业，首批招收 7 年制（中学 3 年加大学 4 年）的贯通培养实验项目 10 名学生，依中考成绩入学。其中 5 名女生：王欣怡 Kristina、王敬然 Ema、张轶玮 Julia、李晟 Catherine、刘鑫蕊 Vesna 和 5 名男生：赵伟程 David、曾繁哲 Arthur、周天佑 Thomas、吴冕 Peter、冯晓韬 Ivan。这 10 名学生已于 2024 年顺利完成学业。

第一学年（2017—2018），斯洛文尼亚语专业课程"基础斯洛文尼亚语 I/II"、"斯洛文尼亚口语 I/II"和"斯洛文尼亚语听力 I/II"由斯洛文尼亚外教 Martina Toplišek 讲授。第二学年（2018—2019），本应由斯洛文尼亚外教 Katja Piuzi 授课，但她因病提前离开了该校。斯洛文尼亚语专业课程包括"基础斯洛文尼亚语 III/IV"、"斯洛文尼亚口语 III/IV"、"斯洛文尼亚听力 III /IV"和"中东欧国情 III/IV"由斯洛文尼亚外教耶内·库斯特尔接手。

---

① Mojca Nidorfer Šiškovič, Simona Kranjc, Mateja Lutar (ur.): *Slovenščina in slovenistike na univerzah po svetu: Svetovni dnevi slovenske znanosti in umetnosti – ob 100-letnici Univerze v Ljubljani*, Ljubljana: Znanstvena založba Filozofske fakultete Univerze v Ljubljani, 2019.

2018 年，该校招收斯洛文尼亚语专业 4 年制本科 16 名学生，其中 11
名女生：李浩然 Rebeka、窦雨萌 Alive、刘媛媛 Vesna、王悦 Tina、杨吴旻
月 Neža、倪雅珺 Mojca、兰雨昕 Lena、陈怡含 Alya、彭洁 Julia、谢毓玮
Elizabeth、申彧燕 Tinkara 和 5 名男生：刘春迪 Vid、陆忠睿 Ivan、王俊璋
Matevz、冯俊益 Joseph、苏翔翀 France。

第一学年（2018—2019），本科生学习专业课程"基础斯洛文尼亚语 I/
II"以及"基础斯洛文尼亚语视听说 I/II"，第二学年（2019—2020）学习"中
级斯洛文尼亚语 I/II"、"中级斯洛文尼亚语视听说 I/II"、"斯洛文尼亚历史"、
"斯洛文尼亚地理和旅游"以及"斯洛文尼亚民俗学"，第三学年（2020—
2021）学习"高级斯洛文尼亚语 I/II"、"斯洛文尼亚文学史"、"创意写作"、
"斯洛文尼亚历史 I/II"、"斯洛文尼亚诗歌欣赏"和"斯洛文尼亚报刊阅读"。

北京第二外国语学院中欧语学院于 2018 年 12 月 11 日并入欧洲学院，
2019 年 4 月成立了斯洛文尼亚语教研室，6 月，斯洛文尼亚外教耶内·库斯
特尔担任教研室主任，他是欧洲学院唯一一位外籍教研室主任。在耶内外
教和欧洲学院积极努力下，2019 年 11 月 29 日在北京第二外国语学院外语
图书馆设立了斯洛文尼亚语资料室[①]，该资料室拥有 400 多部斯洛文尼亚
语图书。斯洛文尼亚政治代表团、北京第二外国语学院学校领导、欧洲学
院领导和其他代表在现场出席了揭幕仪式。

---

①   Jernej Kusterle: 2019: "Slovenistika na Univerzi za mednarodne študije v Pekingu",
Mojca Nidorfer Šišković, Simona Kranjc, Mateja Lutar (ur.): *Slovenščina in slovenistike
na univerzah po svetu: Svetovni dnevi slovenske znanosti in umetnosti – ob 100-letnici
Univerze v Ljubljani*, 81–82, Ljubljana: Znanstvena založba Filozofske fakultete
Univerze v Ljubljani, 2019, 81.

下篇

中东欧国家外语教学现状

阿尔巴尼亚的外语教学情况研究

王偲骁① 冯 越②

摘要： 阿尔巴尼亚是"一带一路"沿线国家，了解阿尔巴尼亚的外语教育政策，有助于两国之间的人文教育交流。本文聚焦阿尔巴尼亚外语教学的发展历史、现状和前景，介绍了阿尔巴尼亚早期、民族复兴时期、社会主义时期、转型后等各时期的外语教育情况，同时，重点关注阿尔巴尼亚当前各教育阶段的外语教学现状和政策，分析欧盟语言政策及《欧洲共同语言参考框架》对阿尔巴尼亚外语教学的影响，以期加深对阿尔巴尼亚外语教学政策的认识。

关键词： 阿尔巴尼亚、外语教学、欧盟语言政策

1. 引言

阿尔巴尼亚位于欧洲东南部的西巴尔干半岛，自古以来就是连接欧洲与亚洲的交通要塞。特殊的地理位置给阿尔巴尼亚历史发展，包括外语教学发展带来了多重影响。20 世纪 90 年代后，在欧盟语言政策的指导下，阿尔巴尼亚外语教学政策逐步改革，进入新的发展阶段。本文追溯历史，回顾阿尔巴尼亚历史上各个阶段的外语教学，并在此基础上分析当前阿尔

---

① 作者：王偲骁，男，英国牛津大学硕士，现任北京第二外国语学院欧洲学院俄塞阿保（俄罗斯—塞尔维亚—阿尔巴尼亚—保加利亚）系阿尔巴尼亚语教研室主任、副教授。

② 作者：冯越，女，北京外国语大学硕士，现任北京第二外国语学院欧洲学院俄塞阿保（俄罗斯—塞尔维亚—阿尔巴尼亚—保加利亚）系阿尔巴尼亚语教研室助教。

巴尼亚中小学和高等教育阶段的外语教学政策，从而进一步探究在欧盟语言政策指导下的阿尔巴尼亚外语教育政策及其前景展望，以期更加深入地了解阿尔巴尼亚外语教学政策的发展历程。

2. 历史回顾

2.1. 拜占庭和奥斯曼统治时期阿尔巴尼亚的外语教育

阿尔巴尼亚历史上先后经历了罗马帝国、拜占庭帝国和奥斯曼土耳其帝国的侵略，长期的异族统治给阿尔巴尼亚带来的影响不仅体现在政治、经济和社会领域，更体现在包括语言在内的文化领域。异族统治者将拉丁语、希腊语、土耳其语等外来语带入阿尔巴尼亚，这些外来语对阿尔巴尼亚语的发展产生了不可忽视的影响，同时成为在阿尔巴尼亚早期主要使用和学习的外语。在某种程度上，阿尔巴尼亚早期的外语教学，并非主动开展，而是被动进行的。

在拜占庭统治时期的阿尔巴尼亚，修道院承担着相当大一部分的教育职责，在天主教和东正教两大宗教势力的影响下，当时阿尔巴尼亚的天主教和东正教修道院分别教授拉丁语和希腊语，而当时的外语学习者，同时也是主要的受教育人口大多是牧师等神职人员。[1] 外语教学对阿尔巴尼亚语书面语的发展也带来了一定的促进和影响，15 世纪阿尔巴尼亚语早期书面材料显示，在当时的阿尔巴尼亚，以 Shkumb 河为界，北部在罗马天主教的影响下使用拉丁字母书写，而南部则在希腊东正教的影响下使用希腊字母表。[2]

15 世纪奥斯曼土耳其帝国入侵阿尔巴尼亚后，根据宗教信仰来划分人口，相应地，仅允许用土耳其语、希腊语、拉丁语开展教育和文化活动。在很长一段时间内，阿尔巴尼亚不被承认为独立民族，并被禁止使用母语

---

①   Akademia e Shkencave e Shqipërisë: *Historia e popullit shqiptar* (Vëllimi I), Tiranë: Botimet Toena, 2002, 351.

②   Stavro Skendi: *Studime kulturore ballkanike*, Tiranë: Botimet IDK, 2010, 233.

开展教学，土耳其语和阿拉伯语等外语成为当时学校普遍使用的教学语言。[①] 在长期的异族统治和外语教育影响下，许多土耳其语、波斯语和阿拉伯语单词进入阿尔巴尼亚语，[②] 并最终保留至今，成为标准阿尔巴尼亚语的一部分。

2.2. 民族复兴时期至二战期间阿尔巴尼亚的外语教育

阿尔巴尼亚民族复兴时期，阿尔巴尼亚语的发展和推广对于促进民族意识觉醒、推动民族复兴发挥着至关重要的作用，因此，自民族复兴时期至 1944 年阿尔巴尼亚反法西斯战争胜利期间，阿尔巴尼亚语在教学中格外受到重视，相比之下，外语并不是教学重点。

自 19 世纪末起，阿尔巴尼亚成立了一批阿尔巴尼亚语学校，这些学校使用阿尔巴尼亚语作为教学语言，而土耳其语、法语、希腊语则作为外语科目。[③] 同一时期，阿尔巴尼亚其他学校开设的外语科目还包括英语、意大利语和德语。[④]20 世纪初，一方面受宗教因素影响，另一方面由于欧洲语言的师资匮乏，大多数老师只懂希腊语、土耳其语和阿拉伯语，在阿尔巴尼亚教授的外语主要是拉丁语、古希腊语等古典语言。[⑤] 直至 1909 年阿尔巴尼亚首所师范院校——爱尔巴桑师范学院成立后，外语才开始被当作一门独立学科培养师资。[⑥]1925 至 1939 年期间，外语在阿尔巴尼亚中小学属于必修科目，主要开设的外语包括意大利语、德语和法语。[⑦]1939 年意大利占领阿尔巴尼亚后，控制了阿尔巴尼亚的学校，并强制推行意大利

---

① Akademia e Shkencave e Shqipërisë: *Historia e popullit shqiptar* (Vëllimi I), 704.

② Rajmonda Këçira: "The perspective of foreign language teaching in Albania", *Anglisticum: Journal of the Association-Institute for English Language and American Studies*, 2 (2), 2016, 76–84, 77.

③ 同上文献，第 77—78 页。

④ 同上文献，第 78 页。

⑤ Robert Gjedia: "Praktika mësimore europiane në arsimin shqiptar gjatë viteve 1925–1939", *Studime Historike*, 2013 (1/2), 115–131, 128.

⑥ 同上文献，第 129 页。

⑦ 同上文献，第 128—129 页。

语教学，① 阿尔巴尼亚的外语教学再次受到外部因素的操纵。

2.3. 社会主义时期阿尔巴尼亚的外语教育

阿尔巴尼亚人民共和国成立后，阿尔巴尼亚进入社会主义时期，受当时的政治、经济和意识形态因素影响，当时学校主要教授和推广的外语是俄语②。1959 年后，阿尔巴尼亚的七年制基础教育学校以及中学均已开设了俄语教学。③

阿尔巴尼亚人民共和国成立之初，国内教育基础薄弱，外语等各个科目的师资匮乏。1946 年，为培养基础教育师资，在地拉那成立了两年制师范学院（Instituti Pedagogjik Dyvjeçar），学院先后参照南斯拉夫和苏联的教育模式，将外语作为必修科目。④ 学院成立之初分设文（dega e letrave）、理（dega e shkencës）两个专业，但两个专业的学生均需学习外语，⑤ 常规的外语科目包括塞尔维亚—克罗地亚语和俄语。⑥1949 至1950 学年学院重组后，开始根据科目划分专业，俄语同样独立出来，成为与语言文学、历史等科目并列的外语专业。⑦1951 年，四年制的高等师范学院（Instituti i Lartë Pedagogjik）成立，主要培养中学教师，该学院开设了俄语语言文学专业，同样将俄语作为独立专业来培养师资。⑧1957年，高等师范学院、农学院、经济学院等 6 所高等学院合并成立了国立地拉那大学（Universiteti Shtetëror i Tiranës，今地拉那大学），俄语专业并入历史语言系，继续为阿尔巴尼亚中学培养俄语师资，同时负责其他

---

① 马细谱、郑恩波编著：《列国志》，北京：社会科学文献出版社，2004 年，第 66 页。
② Rajmonda Këçira: "The perspective of foreign language teaching in Albania", 78.
③ Çlirim Duro: "Arsimi i lartë në Shqipëri (1946–1968)" (punim doktorate), Universiteti i Tiranës, 2012, 97.
④ 同上文献，第 31 页。
⑤ 同上文献，第 27 页。
⑥ 同上文献，第 31 页。
⑦ 同上。
⑧ 同上文献，第 50 页。

系的俄语公共课程。①

2.4. 制度变化后阿尔巴尼亚的外语教育

20 世纪 90 年代，随着阿尔巴尼亚的政治经济转型，国内的外语教学改革也呈现出趋向欧洲的特点。1992 年至 1998 年的教育改革强化了大学前教育中的外语教学，并提出了新的外语教学方案。② 在八年制基础教育阶段，将外语作为必修科目，另有一门第二外语作为选修科目，在三至八年级开设。③ 在中等教育阶段，普通高中的学生在四年期间均需学习外语。④

就外语教学的语种而言，英语和意大利语逐渐在阿尔巴尼亚兴起。1990 年后，在阿尔巴尼亚政治体制转型以及经济全球化带来的英语全球化的影响下，英语迅速替代俄语成为首选的第二外语，阿尔巴尼亚开始在中学开设英语教学。⑤ 与此同时，大量英语外来词进入阿尔巴尼亚语。⑥ 除英语外，意大利语教学也在阿尔巴尼亚逐渐兴起。1991 年，以地拉那 Çajupi 高中为起点，意大利语教学首次进入高中教学并逐渐在全国推广。⑦

在高等教育方面，以斯库台大学为例，20 世纪 90 年代后，该校外语系先后开设了英语（1994 年）、德语（1996 年）、意大利语（1998 年）和法语（2006 年）专业，自 1994 年专业开办至 2012 年的数据显示，英语一直是招生人数最多的外语专业。⑧

---

① "Departamenti i Gjuhëve Sllave dhe Ballkanike", Fgjh.edu.al.[https://fgjh.edu.al/departamenti-i-gjuheve-sllave-dhe-ballkanike/]

② Ministry of Education and Science: "Education in the Republic of Albania", Herdata.org, 2.[http://www.herdata.org/public/system_of_education-alb-enl-t05.pdf]

③ 同上文献，第 11 页。

④ 同上文献，第 14 页。

⑤ Rajmonda Këçira: "The perspective of foreign language teaching in Albania", 79.

⑥ 同上。

⑦ Meri Gjoleka: "The aspect of teaching the Italian language in the Albanian education system", *European Scientific Journal*, 2015 (25), 56.

⑧ Rajmonda Këçira: "The perspective of foreign language teaching in Albania", 80–81.

3. 阿尔巴尼亚外语教学现状

20 世纪 90 年代后，阿尔巴尼亚的外语教育政策逐渐向欧洲标准靠拢，阿尔巴尼亚多个国家战略和官方文件中都明确体现了欧盟委员会的多语言和多元文化定位①。近年来出台的《大学前教育国家战略（2009—2013）》、《大学前教育国家战略（2014—2020）》，以及大学前教育法、高等教育和科学研究法、教育部指南等法律和政策性文件均对外语教学做出了明确要求。

3.1. 大学前教育中的外语教学

阿尔巴尼亚现行教育制度中，大学前教育分为三个阶段：学前教育、基础教育（包括小学和初中教育）、高中教育。其中，小学（1—5 年级）和初中教育（6—9 年级）为义务教育阶段，高中教育阶段又分为普通高中教育、定向教育（艺术类、体育类、外语类）和职业教育。②

大学前教育阶段的外语教学政策主要基于《大学前公立教育现代语言国家课程》（Kurrikula Kombëtare e Gjuhëve Moderne për Arsimin Publik Parauniversitar）和《欧洲共同语言参考框架：学习、教学、评估》（CEFR）制定。③ 除上述指导性文件外，大学前各年级具体的外语教学课程标准由大学前教育局和教育发展研究所（Instituti i Zhvillimit të Arsimit）共同起草，根据年级、课程性质（第一外语、第二外语等）、学校类型等分别制定各自的课程标准，并与《欧洲共同语言参考框架》保持一致，最终经教育部批准后生效。

---

① Meri Gjoleka: "The aspect of teaching the Italian language in the Albanian education system", European Scientific Journal, 11 (25), 2015, 55–69, 56.

② "Ligj Nr. 69/2012 Për sistemin arsimor parauniversitar në Republikën e Shqipërisë", Gov.al., 2019-02-27.[https://arsimi.gov.al/ligj-nr-69-2012-per-sistemin-arsimor-parauniversitar-ne-republiken-e-shqiperise-i-azhornuar/]

③ "Language education policy profile: Albania Country Report 2016", COE.int, 18.[http://rm.coe.int/language-education-policy-profile-albania-country-report/16807b3b2d]

　　大学前各年级的外语教学课程文件中均明确规定，^① 外语属于阿尔巴尼亚中小学七大课程领域之一的"语言与沟通"领域。该领域课程包括阿尔巴尼亚语、文学、第一外语和第二外语，鼓励学生成为优秀的沟通者，积极、独立的读者，以及准确、原创、有创造力的写作者；帮助学生成为独立、自由、有文化的个体，具有批判性和创造性思维的人，以及对个人和民族身份有认同意识的人。具体而言，"语言与沟通"领域课程旨在使学生能够运用语言进行沟通，实现个人和社会利益，并满足社会和工作岗位的需求。各外语科目教学课程中，详细规定了各类学校各个年级的外语教学课程标准，具体包括教学目标、核心能力及特定领域能力要求、学时分布、教学方法、教师及自我评价标准等。其中，核心能力包括：沟通与表达能力，学习思考能力，生活、创业和适应环境能力，个人能力，公民能力，数字化能力等。特定领域能力包括听、说、读、写和正确使用语言。就教学方法而言，具体包括四点要求：以学生为中心、合作学习、（听说读写及语言体系知识）一体化、知识巩固过程。^②

　　目前，阿尔巴尼亚的大学前教育趋向于提供地区语言和欧洲语言，^③主要包括英语、法语、意大利语、德语、西班牙语等。学生从三年级开始须从中选择一种语言作为第一外语（必修课程），并从六年级开始另选一门作为第二外语（选修课程）。未能在三年级开始学习外语的学生将从六年级开始外语必修课，学校同时提供每周一节的额外课程，以确保这些学生的外语学习进度。^④

　　《欧洲共同语言参考框架》在学生外语能力评价方面对阿尔巴尼亚的

---

① "Kurrikula për shkollat me drejtim të orientuar gjuhët e huaja, Arsimi i mesëm i lartë, Klasa X", Edu.al, 2018, 2. [https://ascap.edu.al/wp-content/uploads/2018/09/Gjuhe-e-huaj-4.pdf]

② "Kurrikula për shkollat me drejtim të orientuar gjuhët e huaja, Arsimi i mesëm i lartë, Klasa X", 26–27.

③ "Language education policy profile: Albania Country Report 2016", 18.

④ 同上文献，第 19 页。

影响尤为明显。一方面，阿尔巴尼亚参照《欧洲共同语言参考框架》，在外语教学课程文件中根据欧盟标准设置教学目标，在基础教育阶段结束（即九年级）时，学生第一外语应达到 A2 以上水平，^① 第二外语应达到 A1 及以上水平^②。另一方面，2012 年大学前教育法修订后，除阿尔巴尼亚语和数学外，第一外语也被列为初中和高中毕业考试的必考科目，考试试卷同样根据《欧洲共同语言参考框架》起草。其中，初中毕业考试的第一外语应达到 A2 水平，高中毕业考试应达到 B1 水平，同时认可部分国际语言测试机构的考试结果，如 2016 年初中毕业考试选择的普斯（APTIS）、托福等。^③

近年来，随着阿尔巴尼亚外语教育政策的改革及实施，外语教育普及率、信息化教学程度等均有所增加。2003 至 2004 学年，阿尔巴尼亚的基础教育阶段和高中教育阶段中分别有 11.2% 和 5% 的学生没有学习第一外语，^④ 而 2020 至 2021 学年的数据显示，公立教育中，小学三至五年级有 98.1% 的学生学习外语，初中阶段有 99.2% 的学生学习至少一门外语，高中阶段的外语学习率则达到了 100%。^⑤ 与此同时，随着计算机实验室以及平板电脑等多媒体设备进入学校，外语课堂的信息化教学程度也有所提高。^⑥

3.2. 高等教育中的外语教学

阿尔巴尼亚在 2014 年公布的《高等教育和科研改革最终报告》（Raporti

---

① "Kurrikula për shkollat me drejtim të orientuar gjuhët e huaja, Gjuhë e huaj e parë", Edu.al.[https://ascap.edu.al/wp-content/uploads/2018/09/Gjuh%C3%AB-e-huaj-e-par%C3%AB-1.pdf]

② "Kurrikula për shkollat me drejtim të orientuar gjuhët e huaja, Gjuhë e huaj e dytë", Edu.al.[https://ascap.edu.al/wp-content/uploads/2018/09/Gjuh%C3%AB-e-huaj-e-dyt%C3%AB.pdf]

③ " Language education policy profile: Albania Country Report 2016", 22.

④ 同上文献，第 19—21 页。

⑤ "Vjetari statistikor për arsimin dhe sportin 2020–2021 dhe seri kohore", Gov.al, 2022, 54.[https://arsimi.gov.al/wp-content/uploads/2022/10/VJETARI-STATISTIKOR-P%C3%8BR-ARSIMIN-DHE-SPORTIN-2020-2021-ALB-FINAL.pdf]

⑥ "Language education policy profile: Albania Country Report 2016", 22.

Përfundimtar për Reformimin e Arsimit të Lartë dhe Kërkimit Shkencor）中提出，阿尔巴尼亚高等教育机构除阿尔巴尼亚语教学外，至少还应提供英语教学，以便于其他发达国家的研究人员参与学习项目，并为与欧洲及其他地区的机构合作和交流创造机会。① 在此背景下，阿尔巴尼亚高等教育阶段的所有学生均须完成二至三年的外语课程学习，其目的不仅在于加强通识教育，更是为了培养运用外语交流和获取科学文献的能力，并促进出国学习。高校为普通学生开设的外语课程以英语为主，此外，法语、德语和意大利语的需求近年来也有所增长，汉语也已作为选修课程开设。②

在外语专业方面，阿尔巴尼亚在本科阶段开办的外语专业包括英语、法语、意大利语、德语、西班牙语、俄语、土耳其语和希腊语。③ 就规模而言，地拉那大学和斯库台大学的外语专业规模最大，设置了独立的外语学院，其他高校则开设了外语系。地拉那大学外语学院是阿尔巴尼亚国内规模最大、语种最多的外语学院，其愿景旨在培养适应市场需求、有助于推动国家入盟进程的专业人才。地拉那大学外语学院开设的语种包括俄语（1947年）、英语（1960年）、法语（1965年）、意大利语（1984年）、德语（1992年）、希腊语（1998年）、西班牙语（2005年）。2005年起，根据博洛尼亚进程的要求，英语、意大利语、法语、德语等专业的学生可以在第三年选择不同的方向继续学习并获得相应学位。根据专业不同，学生可以选择语言和交流、口笔译、英美研究、跨文化交流和旅游等方向并获得相应的学士学位。④

在硕士研究生阶段，2014年阿尔巴尼亚各高等教育机构的硕士研究生

---

① "Raporti përfundimtar për reformimin e arsimit të lartë dhe kërkimit shkencor", Gov. al, 2014, 61.[https://arsimi.gov.al/wp-content/uploads/2018/08/Raport_Final_Ministria_Arsimit.pdf]

② "Language Education Policy Profile Albania 2015–2017", CoE.int, 15.[http://rm.coe.int/language-education-policy-profile-albania/168073cf89]

③ 同上。

④ "Fakulteti i Gjuhëve të Huaja", Fgjh.edu.al. [https://fgjh.edu.al/]

录取数据显示，阿尔巴尼亚部分综合性大学开设了外语专业，其中外语教育专业占据绝大多数。学硕方面，阿尔巴尼亚规模最大的综合性大学地拉那大学开设了英语、意大利语、法语和德语高等教育专业，其中英语专业人数最多，Aleksandër Moisiu 大学开设了英语语言文学教育专业。① 专硕方面，Fan S. Noli 大学、Luigj Gurakuqi 大学、Ismail Qemali 大学、Eqrem Çabej 大学、Aleksandër Xhuvani 大学等分别开设了大学前某一教育阶段的外语教育专业，涵盖英、法、德、意四个语种。②

与此同时，外语成为阿尔巴尼亚学生在本科毕业后继续深造的必备条件之一。根据《阿尔巴尼亚共和国高等教育机构高等教育和科学研究法》（2015 年）的规定，硕士及博士研究生的录取标准之一是掌握欧盟五种外语之一，即英语、法语、德语、意大利语、西班牙语中的其中一种。③2023年的录取标准是，硕士研究生的外语水平应达到 B1 及以上，博士研究生应达到 B2 及以上。④ 此外，硕士及博士研究生均需达到一定的英语水平方可获得相应学位。各类硕士研究生均应通过基于国际公认测试的英语语言考试，博士研究生的英语达标标准则由高等教育机构参照国际公认测试自

---

① "Tabela Nr. 2, Kuotat e pranimit dhe tarifat e shkollimit në programet e ciklit të dytë të studimeve me kohë të plotë 'Master i Shkencave', për vitin akademik 2014–2015", Gov.al, 1–4.[https://arsimi.gov.al/wp-content/uploads/2018/07/Tabela_nr.2_Tarifa0001-1.pdf]

② 同上。

③ "Ligji Nr. 80/2015 Për arsimin e lartë dhe kërkimin shkencor në institucionet e arsimit në Republikën e Shqipërisë", Gov.al, 2019-08-20.[https://uniel.edu.al/images/universiteti/legjislacion/1-_Ligji_i_Arsimit_te_Larte_80-2015.pdf]

④ "Udhëzim Nr.10, datë 16.6.2023, Një ndryshim në Udhëzimin Nr. 52, datë 3.12.2015, Për përcaktimin e niveleve të gjuhëve të huaja dhe të testeve ndërkombëtare, për pranimet në programet e studimit të ciklit të dytë dhe të tretë, në institucionet e arsimit të lartë, i ndryshuar", Gov.al, 2023-06-19, 1.[https://arsimi.gov.al/udhezim-nr-10-date-16-6-2023-per-nje-ndryshim-ne-udhezimin-nr-52-date-3-12-2015-per-percaktimin-e-niveleve-te-gjuheve-te-huaja-dhe-te-testeve-nderkombetare-per-pranimet-ne-pro/]

主确定。① 除此之外，硕士及博士研究生的毕业论文均须包含用阿尔巴尼亚语及欧盟五种官方语言之一写成的双语摘要。②

在汉语教学方面，2013 年 11 月，阿尔巴尼亚地拉那大学成立了该国第一所、也是目前唯一一所孔子学院。③ 大学学生可以选修孔子学院的汉语课程并获得学分，除此之外，地拉那大学孔子学院还面向社会人员开设非学分课程。④2017 年，地拉那大学孔院共有汉语学员 735 人，其中学分课程学员 59 人，占全部学员的 8%，非学分学员 676 人，占 92%。除孔子学院本部外，还在都拉斯公立大学、地拉那国际学校、阿尔巴尼亚都市大学、地拉那国际机场开设四个汉语教学点。孔院同时成立了汉语水平考试中心，每年举办汉语水平考试，以及"汉语桥"比赛。优秀学员可以获得推荐，通过中国政府奖学金、"一带一路"沿线国家语言生奖学金等到中国大学学习交流，中国驻阿尔巴尼亚大使馆也专门为孔院学生设立了"大使奖学金"。

4. 欧盟语言政策和阿尔巴尼亚外语教育政策

4.1. 欧盟语言政策

对于拥有众多成员国和官方语言的欧盟而言，欧洲地区的语言政策一直是其关注的焦点。一直以来，欧洲委员会在欧洲语言教育政策方面发挥着重要作用。进入 21 世纪后，随着欧洲一体化进程的发展，欧洲委员会对语言教育的关注逐渐聚焦在三个方面：建构统一的语言能力评估标准、

---

① "Ligj Nr. 9741, datë 21.5.2007 Për arsimin e lartë në Republikën e Shqipërisë i ndryshuar me ligjet Nr. 9832, datë 12.11.2007, Nr. 10/307, datë 22.7.2010, Nr. 10/493, datë 15.12.2011, Nr. 82/2013, datë 14.2.2013, Nr.51/2014, datë 15.05.2014", Gov. al,14–16.[https://arsimi.gov.al/wp-content/uploads/2018/02/lal_nr_9741_21_05_2007_ndryshuar_2013-9.pdf]

② "Ligji Nr. 80/2015 Për arsimin e lartë dhe kërkimin shkencor në institucionet e arsimit në Republikën e Shqipërisë", 11454.

③ "地拉那大学孔子学院"，北京外国语大学网站，2024-03-01。[https://oci.bfsu.edu.cn/info/1199/6153.htm]

④ "Confucius Institute", Ciut.edu.al. [https://ciut.edu.al/]

革新教学法与教学理念、保护与促进文化多样性。①

《欧洲语言共同参考框架：学习、教学、评估》由欧洲委员会于 2001 年首次提出，并于 2018 年进行增补，意在实现欧洲委员会（Këshilli i Europës）提出的"通过在文化领域保持共同立场"来"确保成员之间更加团结"的目标。该框架强调语言多元化（plurilingualizmi）和文化多元化的概念，提出了一套完整的用于衡量外语学习者语言能力水平的标准体系，同时推出了"面向行动"的教学理念以及与之相对应的任务型教学法。作为欧洲语言教学的里程碑式文件，该框架对于欧盟各国的外语政策和教学具有重要的指导意义，为欧洲现代语言课程、测试、课本、参考资料等的设计提供了共同基础，在欧盟各国得到高度接受和普遍应用。

根据《欧洲语言共同参考框架》，外语学习者的语言能力水平共分为三等六级，即 A（初学）、B（独立）、C（精通）三个等级，各等级又细分为 1、2 两个级别，共计六个级别，从低到高依次为 A1、A2、B1、B2、C1、C2。《欧洲语言共同参考框架》同时详细描述了这六个语言级别的具体划分标准，成为欧盟成员国普遍采用的外语水平衡量标准，与之相对应的德语、法语、意大利语、西班牙语等欧盟通用语言等级考试也已成型，其考试成绩在欧洲甚至全球范围内得到广泛承认。

4.2. 阿尔巴尼亚外语教育政策

自 20 世纪 90 年代以来，阿尔巴尼亚在外语教育方面做出了诸多努力。1992 年，阿尔巴尼亚批准加入《欧洲文化公约》，为与欧洲各国开展语言、文化、教育等领域的合作奠定了基础。1995 年，阿尔巴尼亚正式加入欧洲委员会。2000 年，阿尔巴尼亚加入欧洲现代语言中心。2003 年，阿尔巴尼亚签署《博洛尼亚宣言》，正式加入"博洛尼亚进程"。2007 年，引入

---

① 栾婷、傅荣：《欧洲委员会语言教育政策评析》，《北华大学学报（社会科学版）》2022 年第 1 期，第 37 页。

《欧洲共同语言参考框架：学习、教学、评估》阿尔巴尼亚语版，并以此为基础开启外语课程改革。

以《欧洲共同语言参考框架》作为重要参照，大学前各教育阶段的国家外语课程标准由教育和体育部下属的教育发展研究所制定，并在大学前教育质量监督局（Agjencia e Sigurimit të Cilësisë së Arsimit Parauniversitar）官网公布。在《欧洲共同语言参考框架》的指导下，各年级外语课程标准均以知识、技能、态度和价值观三种能力为导向，各年级学生应达到的外语水平及其评估标准也均采用了《欧洲共同语言参考框架》中的语言等级划分及评估方式。此外，阿尔巴尼亚外语课程标准中明确提出了"以学生为中心"的教学法，并要求外语教师广泛运用讨论、小组任务等方式提高学生积极性，这一点同样与《欧洲共同语言参考框架》的教学理念和任务型教学法保持一致。

与此同时，阿尔巴尼亚不断促进外语教育的欧洲化和全球化。在大学前外语教育方面，阿尔巴尼亚《大学前教育发展战略（2014—2020）》（草案）进一步提出了七项改革原则，其中之一正是基于欧盟教育标准的质量保障体系，即根据欧盟教育标准提供大学前教育并对其进行内外部评估。[①]同时，将"完善与欧盟国家标准相一致的质量保障体系"作为教育政策的四个优先事项之一。[②]而高等教育方面，阿尔巴尼亚加入博洛尼亚进程后，通过立法的方式推动了高等教育体系改革。《阿尔巴尼亚共和国高等教育机构高等教育和科学研究法》根据博洛尼亚进程的标准确定了国内本硕博士三个层次的学分要求，将外语水平列入本硕博三个层次的入学条件，同时认可在外国高等教育机构取得的成绩和学位，以提高高等教育质量，促进跨国人员流动和学术交流。

---

① "Dokumenti i strategjisë së zhvillimit të arsimit parauniversitar 2014–2020 (Draft)", Gov. al, 2014, 28.[http://arsimi.gov.al/wp-content/uploads/2018/03/STRATEGJIA-2014-2020. pdf]

② 同上。

4.3. 阿尔巴尼亚外语教育展望

《语言教育政策概况：阿尔巴尼亚》以阿尔巴尼亚官方提供的国别报告为基础，经欧洲委员会专家组实地调研和考察后起草，由欧洲委员会最终发布。该报告较为全面客观地介绍和评估了阿尔巴尼亚语言教育政策的概况、需要重点关注的事项以及前景展望。《语言教育政策概况：阿尔巴尼亚（2015—2017）》中表明，阿尔巴尼亚的教育制度结构和教育政策已经接近、甚至在某些方面达到了欧洲标准，例如，负责课程标准制定、质量监督、考试命题等的支持性教育机构已经到位。[①]

然而，阿尔巴尼亚的外语教育仍然需要进一步的完善。根据《语言教育政策概况：阿尔巴尼亚（2015—2017）》[②]，首先，最新完成的大学前教育课程标准改革，包括外语课程标准改革，需要一定的时间来系统地实施到课堂中，而不能仅停留在文件层面。其次，文件对小学外语教育和职业教育中的外语教育表示关注。就小学外语教育而言，应当加强小学外语师资的培养，并在培养外语教师语言能力的同时，补充教育学及心理学方面的知识。就职业教育而言，应当进一步开展与目标职业相关的语言技能培训。此外，文件还对高等教育阶段的外语教学提出建议。目前，高等教育阶段的外语课程多使用阿尔巴尼亚语教学，而在培养外语专业、包括师范和非师范专业的学生时，相应的语言环境必不可少。因此，通过阿尔巴尼亚语加外语的双语授课，或直接使用外语授课，能够显著提高教学质量，同时也有助于学生进行跨国学习或学术交流。

除此之外，也有学者从实用性的角度对阿尔巴尼亚外语教学的语种进行了反思，即应当遵循欧洲语言标准、开展以欧洲通用语言为主的外语教学，还是基于邻国政策和经济往来的考虑，推动意大利语、希腊语、土耳

① "Language Education Policy Profile Albania 2015–2017", 17.

② 同上文献，第30—31页。

其语、甚至是汉语的教学。[①] 目前，阿尔巴尼亚大学前教育中大范围开设的外语语种包括英语、法语、意大利语、德语和西班牙语，而高等教育中开设的外语语种相对而言更加多样，增加了希腊语、土耳其语、俄语等地区性语言，以及由孔子学院承担的汉语选修课程。然而，从阿尔巴尼亚努力推动入盟进程的角度来看，未来一段时间内阿尔巴尼亚仍将继续保持以欧洲通用语言教学为主的趋势。

5. 结语

受外部因素影响，阿尔巴尼亚早期的外语教学大多是被动开展的，同时外语教学的语种也随着异族统治者的更迭而发生变化。进入社会主义时期后，阿尔巴尼亚的外语教学以俄语为主。20 世纪 90 年代后，随着政治经济转型，外语教学也开始趋向于欧洲模式。目前，阿尔巴尼亚已经在各教育阶段普遍开展了以英语和欧盟语言为主的外语教学，自小学三年级至高等教育阶段均对外语课程和能力评价提出了明确要求。阿尔巴尼亚现行外语教育政策以欧盟语言政策为导向，以《欧洲共同语言参考框架》为主要参考，据此编写了大学前各教育阶段的外语教学课程标准，并规定了初中至高等教育各阶段结束后学生应达到的外语能力水平和评估标准，欧盟语言政策已经逐步深入到阿尔巴尼亚外语教学的各个方面。与此同时，汉语也已经作为选修课进入到阿尔巴尼亚的高等教育外语教学体系。

阿尔巴尼亚自主开展的外语教学起步较晚，在经历制度转型，以入盟作为主要发展目标后，阿尔巴尼亚目前的外语教育政策转向了受国家利益和发展方向的驱动。在了解阿尔巴尼亚外语教学政策发展历程的基础上，未来如何结合阿尔巴尼亚国内实际情况继续优化调整外语教育政策，并在"一带一路"倡议的契机下，促进汉语教学在阿尔巴尼亚的发展和中阿教育交流与合作，值得进一步研究。

---

① Eva Papamihali: "Which foreign language should be taught in the Albanian education system", *European Journal of Language and Literature Studies*, 4 (1), 2016, 22–26, 23.

保加利亚的外语教学及外语教育政策浅析

杨　彬①

摘要：19 世纪民族复兴时期，外语教学在保加利亚生根发芽。历经一百多年的历史，保加利亚外语教学逐步发展壮大。根据保加利亚教科部颁布的《国家普通教育培养细则》，保加利亚在校学生须至少掌握两门外语。依照《欧洲语言共同参考框架》，保加利亚出台了普通教育阶段外语课程教学标准，与此同时，针对基础教育和中等教育阶段的外语教学制定出相应的外语等级要求。

关键词：外语教学、保加利亚、普通教育、高等教育

1. 保加利亚外语教学发展进程

保加利亚地处文化多元的巴尔干半岛上。19 世纪处于民族复兴时期的保加利亚人受欧洲文化思潮和教育改革运动影响，开始意识到外语学习对提升国民整体素养和社会文明程度具有极其重要的意义。自此，外语开始进入保加利亚人的视野并被逐步纳入保加利亚的教育体系。В.Берон 在《保加利亚语德语语法》(1868)的序言中就学习外语的重要性提出自己的见解。他指出，"学习外语不仅能了解其语法规则，还能了解他国文化，特别是有助于发展和提升保加利亚国民在各个方面的素养。"②1815 年，第一所

---

① 作者：杨彬，女，北京外国语大学硕士，北京第二外国语学院欧洲学院俄塞阿保（俄罗斯—塞尔维亚—阿尔巴尼亚—保加利亚）系保加利亚语教研室主任、讲师。

② Maria Mitskova: "Изучаването на чужди езици през Възраждането",《Чуждоезиково обучение》, 2019 (4), 361–369.

现代学校——希腊—保加利亚学校在保加利亚土地上诞生。克里米亚战争（1853—1856 年）后，保加利亚整个社会经济生活发生了很大变化。随着世俗学校的开设和受教育人数日益增多，保加利亚民众对外语的偏好由希腊语转向法语。法语因其作为欧洲宫廷通用语言且享有很高的政治影响力，成为保加利亚人首选外语语种。Г.Данов（1875）在《法语入门》中关于法语教学提出，"要根据所选教科书中确定的目标任务，结合学生的能力水平开展外语教学。老师要重视学生的发音，从第一堂课开始，必须要求学生把字母写在黑板上，面向老师大声朗读。每堂课都要重复这种做法"①。德语进入保加利亚外语教学体系的时间略晚于法语。由于从事德语教学的师资力量相对匮乏，德语课大多是由其他学科的老师来教授，因此当时的德语教学存在一定的弊端和局限性。20 世纪 30 年代，为了改善德语教学环境，开展更深入的德语教学。1931 年 3 月，一批德语教师率先发起创建了保加利亚德语教师协会，同年 6 月，新语言教师协会在索非亚成立。两个协会就师资培训、新语言国家考试、教材和课程等问题进行交流与合作。在随后的一个多世纪里，保加利亚外语教学不断成熟和发展，外语语种覆盖面日益广泛，目前已涉及英语、法语、德语、西班牙语、意大利语、葡萄牙语、阿拉伯语、希腊语、土耳其语、俄语等多个语种。近年来，对外汉语教学在保加利亚外语教学中异军突起，呈现蓬勃发展趋势。位于首都索非亚的第一所私立中文学校——保加利亚爱格中文学校应运而生。该学校坚持将汉语作为第一外语，实施汉语强化教学培养方案。低年级每周 20 节汉语课，高年级每周 18 节汉语课。

　　本研究过程中还参考了保加利亚期刊《职业教育》中的论文《第二外语课程中的能力和技能》②、保加利亚期刊《教育学》中的论文《大学外

① 同上。
② Margarita Petrova: "Компетентности и умения в часовете по втори чужд език", «Професионално образование», 25 (5), 2023, 468–475.

语教学任务驱动下的主动学习》①、保加利亚期刊《语言世界》中的论文《第二外语的学习过程与策略》②等文献资料。

2. 保加利亚外语教育政策

外语教学是保加利亚整个普通教育阶段不可或缺的组成部分。保加利亚的普通教育实施从基础教育到中等教育十二年制教学。其中基础教育包括初级阶段（2—4 年级）和初级中学阶段（5—7 年级），中等教育由高中第一和第二阶段组成，第一阶段是 8—10 年级，第二阶段为 11—12 年级。

2.1. 教学目标

2015 年 11 月保加利亚出台了《国家普通教育培养实施细则》③。该细则就外语课程教学标准提出具体细则和要求。细则指出，普通教育阶段可开设英语、法语、德语、俄语、西班牙语和意大利课程，学生应掌握两门外语。普通教育阶段的外语教学旨在培养学生在母语环境框架之外与其他文化和语言背景群体进行交际的能力，提升学生的语言文化素养，培养其独立学习能力，发展和提高学生口笔头表达和书面语运用能力。学生在完成特定教育阶段的学习后必须具备一定的语言能力水平。此外，中等教育阶段应结合其他欧洲国家的外语教育情况开展教学，要取得必要的具有社会影响力的成果。约 80% 的学生须达到实施细则所规定的外语等级水平。中等教育外语语言能力等级分为基础、提高和熟练三个层级。

2.2. 教学方法

根据国家外语课程标准，外语教学应注重学科的完整性、跨学科之间

---

① Mariya Neykova: «Активно учене чрез прилагане на дейностно ориентиран подход в университетското обучение по чужд език», «Педагогика», 92 (1), 2020, 110–121.

② Anelia Stefanova: "Процеси и стратегии при изучаването на втори чужд език", «Езиков свят», 2007 (3), 113–116.

③ "НАРЕДБА № 5 от 30.11.2015 г. за общообразователната подготовка», Mon.bg, 2023-11-01.[https://cioo.mon.bg/wp-content/uploads/2014/07/nrdb5_30.11.2015_obshtoobr_podgotovka.pdf]

148 ◂ **下 篇** 中东欧国家外语教学现状

的联系，采用交际策略，根据语言功能性特征和社会实践要求，选取和构建教学内容。特别是在双语教学框架下外语可作为提高学生在其他学科和专业领域交际能力的工具。外语教学要重视过程性评价，包括学习策略、学生自主性学习、价值观、行为方式、文化交际等方面的考查。

2.3. 外语能力等级划分

国家外语课程标准对语言能力等级做出界定，其很大程度上与《欧洲语言共同参考框架》的前五个等级保持一致，但略有不同。根据基础教育和中等教育每个阶段不同形式的教学情况，确定大致对应于《欧洲语言共同参考框架》的 I—V 语言等级。

根据外语等级划分，学生在基础教育阶段应掌握基本的语言表达方式，在熟悉的场景下具备一定的交际能力，能够从运用标准语表达的简短的口头和书面文本中感知关键信息。在初级中学阶段，学生能够进行基本交流，以满足日常生活的基本交际需要，能够从标准语表达的口头和书面文本中提炼出关键信息，运用有限的语言手段，使自己的语言表达符合相应的交际情景。该阶段的外语拼写、语音、语调基本接近于口语和书面语交流的基本规范。根据《欧洲语言共同参考框架》，保加利亚针对学生在特定教育阶段的外语等级做出具体要求。基础教育初级阶段和初级中学阶段应分别达到 A1 和 A2 等级。

保加利亚对高中不同阶段、不同类型学校、不同年级提出明确要求。学生在完成高中第一阶段（8—10 年级）学业时应掌握两门外语。关于第一外语，就读强化语言学习学校 8 年级学生应达到 B1 水平，普通学校同年级学生达到 A1 水平，拓展语言学习学校达到 B1 上水平。保加利亚高中生自 9 年级开始学习第二外语，按照国家外语课程标准，在高中第一阶段结束时第二外语水平应达到 A1 等级。高中阶段第一外语教学分三个层级进行：第一层级（B1 上），学生能够进行不同领域口头和书面形式的交际以满足个人、学习和社会文化要求，能运用恰当的语言工具进行情景交际，其拼写、发音和语调符合口笔头交际的基本外语规范；第二等级（B1），学生能够有效地在个人、学习和专业领域进行交流，在特定教学情境下运用广泛的语言工具处理相应文本，能够进行符合创设情景的语言交际。第三等级（B2 上），学生能够在不同领域和不同情景下自由交流，运用多样化的语言工具很好地组织语言，进行口头和书面语表达和情景交际。其拼写、发音和语调符合口语和书面语的外语语言规范。

学生在高中第二阶段（11—12 年级）仍要掌握两门外语。具体要求为：强化语言学习学校一外水平达到 B2 上，二外达到 A2；普通学校一外达到 B1 上，二外达到 A2；拓展语言学习学校一外达到 B1，二外达到 A2。按照保加利亚外语课程标准，不同等级的外语教学应对应相应课时。每一等级的教学建立在先修课程基础上，每个等级教学大约需要 200—250 个课时来完成。各学校根据外语等级采用相应的教学模式。

2.4. 核心教学内容

国家外语课程标准对听、说、读、写四个方面的核心能力素养做出明确要求。

基础教育初级阶段（2—4 年级）外语教学结束时，学生能够听懂语速缓慢、表达清晰的文本，理解老师的提问和指示信息，听懂同龄人有关个人、家庭和周围环境的简短提问，熟悉相关主题文本的单词和词组，能够在此基础上推测听力文本内容；阅读方面，学生能够理解运用标准语表达的消息、公告、漫画、故事梗概等，看懂课文、邀请函、游戏规则、信函和卡片中的内容，了解其中的社会文化特征，能够在广告、海报、故事摘要、教科书及词典中查找具体信息，确定说明性文本的主旨大意；口语方面，学生能够进行简短的问答，围绕熟悉的话题进行基本对话，简要介绍过去和现在的事件，表达未来的意愿；写作方面，学生能够进行简要的自我介绍，写祝福卡片。

基础教育初中阶段（5—7 年级）结束时，学生能够听懂结构和措辞清晰、发音标准、语速的简短文本，有关日常生活的短对话和短通知；阅读方面，能够看懂青少年杂志专栏、轶事、漫画的主要内容，围绕相关内容提问，表达自己的愿望，领悟其中的某些社会文化特征；口语方面，能够进行有关日常生活的简短对话，交流和讨论具体信息，谈论过去、现在的事件和经历，介绍自己的规划和愿望，能够围绕熟悉话题进行电话交谈；写作方面，能制定阅读文本计划，书写和分享个人经历、表达谢意和祝福的简短信函，书面表达贴合于外语基本规范。

高中阶段的外语学习核心能力素养分为三个层级。听力方面，在第一层级，能够听懂正常语速和标准发音的新闻报道、广播电视比赛节目，公共交通和商店的简短通知，电话留言，有关现实问题的采访、报道、新闻和讨论；在第二层级，能听懂正常语速的讲话，广播电视科普类节目和新闻报道；第三层级，能听懂语速较快的辩论和讲话。阅读方面，在第一层级，能够看懂使用标准语写作的新闻、文学和科普类文本；第二层级，能够看懂科普类文章、熟悉主题的文本、报刊、杂志、个人和官方信函，提取出其中的观点和论点。口语方面，在第一层级，能够进行熟悉话题的对话，表达见解和看法，阐述观点和立场，进行电话交谈；第二层级，能够参与谈话或讨论，阐述自己的观点和立场，使用符合交际情景的标准语言；第三层级，能够参与自由对话或讨论，阐述自己的论点，进行主题演讲，总结和评论各类信息。写作方面，在第一层级，能够通过思维导图表达所读文本的主要内容；第二层级，能够运用符合书面语规范的语言描述和评论某一具体事件，撰写个人简历；第三层级，能够进行论文写作，通过收集和筛选各种外语来源的材料完成简要报告。

3. 保加利亚高等教育外语教学

保加利亚高等教育外语教学采取自主培养模式。国家层面未针对外语教学的课程体系、教学大纲、教学目的、教学方法等制定相应细则和指南。目前保加利亚共有六所高校开设了外语专业，分别是索非亚大学、普罗夫迪夫大学、大特尔诺沃大学、舒门大学、西南大学和新保加利亚大学。

3.1. 索非亚大学

索非亚大学作为保加利亚本土最知名的综合类大学于 1949 年首次将

外语教学法纳入该课程体系中去，提出外语教师综合师资培养模式，由此开启大学教育与教师资格相结合的创新改革。最初的外语教学仅局限于英语、拉丁语、德语和法语。1969 年，随着学生数量的不断增加，索非亚大学决定成立外语教学法教研室①。迄今为止，外语教学法教研室所研究的外语语种已增至 9 种语言，其中包括英语、德语、法语、意大利语、西班牙语、葡萄牙语、拉丁语、古希腊语和现代希腊语②。

保加利亚索非亚大学古典与现代语言文学系开设了英语、日语、韩语、中文、阿拉伯语、西班牙语等多个语种专业，也是保加利亚国内开设语种最多的高校。由于各语种专业师资力量不一，在语言教学上有一定差异性。

语言培训部是留学生院的前身，是保加利亚本土唯一一个欧洲语言测试协会成员机构。其主要教学任务是为外国留学生提供预科培训。保加利亚公民可以在该机构可接受英语、法语、德语、西班牙语、意大利语、葡萄牙语、阿拉伯语、希腊语、土耳其语和俄语等多语种外语教育。

3.2. 大特尔诺沃大学

保加利亚大特尔诺沃大学语言教学部③于1995年设立外语教学教研室，其主要任务是为全校各个专业的学生提供英语、俄语、西班牙语、法语和俄语教学。教研室拥有丰富教研经验的外语教师以及英语、日语和罗马尼亚语等多个语种的兼职教师。这种师资配备模式既满足强化外语学习的要求，也满足了教师职业能力素养提升需求。教研室还面向本校师生和外校人员开设外语培训课程，其中包括 A1、A2、B2 和 C1 等级英语课程，A1和 B2 等级西班牙语课程，A1 等级意大利语和阿拉伯语课程等。课程分两个学期进行，每学期 50 课时，每周一次，每次 4 课时。课程结束后学校

① "Методика на чуждоезиковото обучение", Uni-Sofia.bg.[https://www.uni-sofia.bg/index.php/bul/universitet_t/fakulteti/fakultet_po_klasicheski_i_novi_filologii/katedri/metodika_na_chuzhdoezikovoto_obuchenie]

② 同上。

③ "Департамент за езиково обучение", Uni-Vt.bg, [https://www.uni-vt.bg/bul/pages/?page=378&zid=171]

将组织外语等级考试，根据学校制定的考试标准和要求颁发相应级别的外语等级证书。

此外，大特尔诺沃大学于 1963 年设立语言文学系[①]，下设俄语教研室、德语和荷兰语教研室、英美文学教研室、古典与东方语言文化教研室，开展德语、俄语、中文、荷兰语、英语等外语教学。

3.3. 普罗夫迪夫大学

普罗夫迪夫大学设有语言系[②]。英语语言学是该系主打外语学科专业。英语语言学注重实践与语言和文学理论相结合。该专业开设了英国文学、语言学、语言文化研究、翻译学理论方法和英语教学等相关课程。大多数理论课程是用英语授课。毕业生多从事教育文化机构、国际组织和非政府组织、外企、旅游业、出版业等领域的工作。

3.4. 西南大学

西南大学语言文学系[③]成立于 1991 年，其外语专业教学跟进保加利亚和全球最新的教育趋势，培养出的毕业生有教师、语言学家、民族学家、记者和翻译家。该院系还有来自希腊、北马其顿、摩尔多瓦、塞尔维亚、乌克兰、阿尔巴尼亚、日本、中国等国的留学生。2016 年，该校设立孔子学堂，开展对外汉语教学。

4. 结语

保加利亚外语教学历经 100 多年的发展历程，创建了贯穿于普通教育和高等教育的外语教学培养模式。笔者在研究中发现，保加利亚十分重视普通教育阶段的外语教学，出台对接《欧洲语言共同参考框架》的国家外语课程标准，打造出面向基础教育和中等教育系统化的外语教学体系，将

---

① "Филологически факултет", Uni-Vt.bg, [https://www.uni-vt.bg/bul/pages/?page=62&zid=3]

② "Филологически факултет", Uni-Plovdiv.bg, [https://uni-plovdiv.bg/pages/index/41/]

③ "Филологически факултет", SWU.bg, [https://www.swu.bg/bg/facultiesbg/fphilbg]

语言能力、文化知识、民族意识、思维和品格作为其教学任务和目标导向，着力培养学生的对外交流和跨文化交际能力。保加利亚普通教育阶段的外语教学还从听、说、读、写四个层面对核心教学内容和学生核心能力素养作出细化和要求，倡导因材施教和教学策略的多元化。相比普通教育，保加利亚高等教育的外语教学存在一些短板和不足，特别是国内开设外语教学的院校较少，外语语种的覆盖面十分有限，在学科建设方面缺乏国家对高等教育外语教学系统性和目标性的政策性指导。从长远看，保加利亚开设外语专业的高校采取的自主教学模式不利于外语学科规范性地、成体系地建设，难以突破传统教学的框架约束，实现在教学方法、教学内容和教材建设等方面的创新和改革。

匈牙利外语教学研究及其对"一带一路"建设中我国匈牙利语教学的启示

李傲然 ①　段双喜 ②

摘要： 本文聚焦匈牙利外语教育的现状与特点。匈牙利的外语教学具有目标清晰、阶段分明和文化融入度高等特点。匈牙利从小学阶段开始外语启蒙，通过明确的教学计划逐步提高语言能力，特别是对第二外语的重视，为培养多语种复合型人才奠定了基础。匈牙利的高校外语教学注重语言实践能力、文化认知能力和教学资源的多样化运用，形成了较为完善的政策保障体系。结合"一带一路"倡议对多语种复合型人才的需求，本文提出优化我国外语教育体系的建议，包括合理规划外语学习路径、推动第二外语学习、提升文化融入度以及推动信息化教学等，为服务"一带一路"国家战略培养高端语言人才提供思路与参考。

关键词： 匈牙利高校、外语教学、"一带一路"倡议

1. 匈牙利人外语水平概述

对于匈牙利人来说，外语学习并非易事，"匈牙利人的外语不好"仿佛已经刻在了很多人的脑海里，匈牙利的外语教学多年来一直受到诟病，

---

① 作者：李傲然，女，（匈牙利）罗兰大学硕士，北京外国语大学在读博士研究生，北京第二外国语学院欧洲学院西葡匈（西班牙—葡萄牙—匈牙利）系匈牙利语教研室主任、讲师。

② 作者：段双喜，男，北京外国语大学硕士，（匈牙利）罗兰大学在读博士研究生，北京第二外国语学院欧洲学院西葡匈（西班牙—葡萄牙—匈牙利）系匈牙利语教研室讲师，兼北京第二外国语学院区域国别学院副院长。

其在语言多样性和外语学习方面面临的诸多挑战是由历史和语言政策决定的。虽然大众一致认为匈牙利的移民和少数民族的数量并不低,但他们主要来自周边国家(尤其是罗马尼亚),而且大多数是匈牙利族裔,故匈牙利的大多数人口仍缺少在多语言环境中成长的经历和外语学习环境,这些因素直接制约了匈牙利人在外语教学方面的动机和表现。

根据欧洲晴雨表(Eurobarometer)[①]2024 年一项名为《欧洲人和他们的语言》(*Europeans and their languages*)[②] 的调查结果,匈牙利人目前掌握程度最高的三种外语依次为英语(30%)、德语(13%)和法语(2%)。这一排序与欧盟整体情况有所不同:欧盟成员国中英语(47%)使用率最高,其次是法语(11%)和德语(10%)。相比之下,匈牙利在英语和法语的掌握水平上均低于欧盟平均水平,但德语表现突出。值得注意的是,与 2012 年的调查相比,匈牙利英语的使用率显著提升,而德语则有所下降。这三种外语同样也是匈牙利人认为对于个人和后代的发展最有用的外语,而在看待这个问题时,匈牙利再次在"德语"选项上给出了超出欧盟平均水平的答案:27% 的匈牙利人认为德语对个人的发展有利,35% 的匈牙利认为德语对他们后代的未来有利,而这两个数字在欧盟的表现分别为 14% 和 13%,均大幅度落败于英语,位居第二,几乎是匈牙利这一数值的一半,足以看出匈牙利对于德语的重视。匈牙利人对德语的重视与两国之间的历史文化渊源和密切的往来合作有关,德语在匈牙利的使用有着深厚的根基。即便如此,英语和德语在匈牙利的受重视程度均较 2012 年有所降低。在提到语言学习方法时,匈牙利人将学校的外语教育视为最有效的外语学习方法(36%),排在第二位和第三位的学习方法依次是私教辅导(10%)

---

① 欧洲晴雨表是一种民意调查机制,由欧盟委员会、欧洲议会及其他欧盟机构共同使用。主要目的是定期收集和分析欧洲公众对欧盟相关事务的看法,以及他们在政治和社会议题上的态度。这项调查工具帮助欧盟机构持续监测欧洲公众舆论的变化和趋势。

② "Europeans and their Languages 2024", Europa.eu. [https://europa.eu/eurobarometer/surveys/detail/2979]

和课外教师辅导下的小组语言学习（8%），并列第三位的是依靠电视、电影和广播的自学（8%）。而欧盟的整体情况与匈牙利略有差别，位列第二位的是长时间与目标语言环境的接触（8%）。让匈牙利语言学习者在学习外语时产生退缩情绪的前三种原因分别是缺乏语言学习动机、欠缺语感以及没有时间系统学习，这一问题在欧盟也得到了相似的答案。那么什么因素能够激发匈牙利的语言学习者开始学习一门新的外语呢？19% 的匈牙利人认为如果一门外语课程免费，还有 19% 的匈牙利人认为如果能够依靠这门外语获得赴国外工作的机会，15% 的匈牙利人认为如果能够依靠这门外语获得赴国外学习的机会，15% 的匈牙利人认为如果能够在学习这门语言后能够赴目标语言国家旅游，那么就能激发他们开启一门新外语的学习。而"课程免费"指标在匈牙利的表现情况与 2012 年相比大幅降低，相应的，在回答"是什么阻止您学习外语？"时，"过于昂贵"这一答案的比例也极大幅降低，这可能与经济状况的改善有关。同时，教育资源的分配也可能发生了变化，可能导致了免费课程的减少。这些数据都表现出了匈牙利外语教育和外语学习的成果，为正确认识、深入研究、更有针对性地制定和改进匈牙利外语教学提供了依据，促进外语教育体系优化以更好地适应全球化的发展趋势、经济发展和文化交流。匈牙利与欧盟在外语教育理念和方法上存在的诸多差异也可能为匈牙利外语教学带来机遇和挑战，需要匈牙利的外语教育体系进行调整和创新。

根据匈牙利 2022 年的人口普查，在外语知识方面，匈牙利最常见的外语是英语，每四个人中就有一个人会说英语，自 2011 年以来，会说英语的人数显著增加了 50%；会说德语的人数达到 120 万，比 2011 年增加了近 10 万人；会说俄语的有 20.4 万人；会说法语的有 14.7 万人；会说罗马尼亚语的有 13.8 万人。[①] 具体数据见图 1。

---

① "Népszámlálás 2022. Nyelvismeret", KSH.hu.[https://nepszamlalas2022.ksh.hu/eredmenyek/vegleges-adatok/kiadvany/]

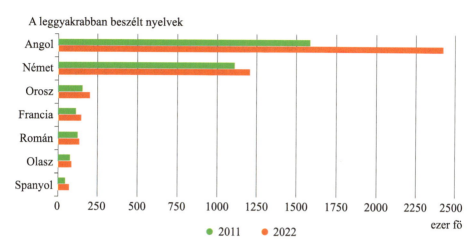

图 1　匈牙利人使用最频繁的外语情况

说明：竖轴从上到下的语言分别是英语、德语、俄语、法语、罗马尼亚语、意大利语、西班牙语。横轴是对应的人数，单位是"千人"。绿色对应的年份是 2011 年，橘黄色对应的年份是 2022 年。

2. 匈牙利外语教育框架和运行机制

匈牙利外语教育的组织和内容框架由多层次文件共同规范：最高层是《国家基础教学计划》（NAT），其次是框架课程，最后是各地区的教学计划。《国家基础教学计划》规定了每位学生必须达到的最低水平，同时也涉及对接受高级教育的学生的要求。为确保学生的全面发展，该计划并非按照传统意义上的学科进行设计，而是按照文化领域编排。外语是十个文化领域中领先数学等领域的第二名。

2020 年的新版《国家基础教学计划》生效之前，匈牙利曾先后出台四版《国家基础教学计划》（1995 年、2003 年、2007 年和 2012 年）。2012 年的《国家基础教学计划》在外语能力领域将使用外语进行沟通视为关键的能力之一，强调沟通能力的三个主要内容：语言能力、社会语言学能力和文本能力，还要让语言学习者了解目标语言国家的文化，掌握语言学习策略。根据匈牙利现行的外语政策，对每个学生最低的要求可以分为三个阶段：四年级，五到八年级，九到十二年级。匈牙利的学生在四年级时必须开始第一门外语的学习（除非是少数民族或双语教育项目），到八年级结束前（小学阶段毕业前），学生在系统的语言教育中至少要达到欧洲语言共同参考框架（CEFR）的 A2 水平，到中学结束（十二年级）前则要达到 B1 水平。此外，第二门外语仅在中学的九年级起是必修的，在其他中等教育（中专、职业中学）中则不需要，第二外语要求是十二年级结束前达到 A2 级。[1] 在九至十二年级，学生可以选择接受更高级别的外语教育。在这种情况下，到第十年级结束时，学生预期可以达到 B1—B2 的水平；到学业结束时，预期第一外语能够达到 B2 水平，在某些项目中，可以达到 C1 水平。具体标准见表 1、表 2。[2]

表 1 匈牙利《国家基础教学计划》规定的外语教学预期的最低水平

	四年级 最低水平	五至八年级 最低水平	九至十二年级 最低水平
第一门外语	—	A2	B1
第二门外语	—	—	A2

表 2 匈牙利《国家基础教学计划》规定的外语教学预期的进阶水平

	四年级	六年级	八年级	十年级	十二年级
第一门外语	—	A1	A1—B1	B1—B2	B2—C1
第二门外语	—	—	A1	A2	B1—B2

2020 年的《国家基础教学计划》与之前的规定相比，在学生外语水平的规定方面发生了变化：到六年级结束时，学生需要达到欧洲语言共同参考框架的 A1 级；到八年级结束时，需要达到 A2 级；高中毕业时，学生可

---

[1] Farczádi Bencze Tamás, Jakus Enikő, Kránicz Eszter, Öveges Enikő, Perge Gabriella: *Útmutató az idegen nyelv tantárgy tanításához: a 2020-ban kiadott Nemzeti alaptanterv és kerettantervek alapján*, Eger: Eszterházy Károly Egyetem, 2022, 6–7.

[2] "Nemzeti Alaptanterv 2012", OFI.oh.gov.hu.[https://ofi.oh.gov.hu/sites/default/files/ofipast/2012/02/nat_20122.pdf]

以达到 B2 级，但至少需要完成中级语言毕业考试（B1 级）。对于第二外语，高中毕业时需要达到 A2 级。此时学生可以开始自行选择要学习的外语（以前只有英语、德语、法语和汉语可以作为第一外语），① 但是从前文中的分析来看，学习英语的学生人数正在增加，而学习德语和其他语言的学生人数正在减少或停滞。此外，新的《国家基础教学计划》鼓励自主进行语言学习，自主语言学习被视为一项技能，包括语言学习策略、语言学习目标、进步评估、真实的语言使用和数字语言使用，并根据不同年龄段的学生制定相应的要求，还为扩展的基本技能模型的每个元素制定了具体的学习目标，并建议学生使用符合年龄和兴趣的文本和资源，包括数字渠道和音频视觉元素。②2020 年版《国家基础教学计划》从 2020/2021 学年开始在匈牙利全境逐步推行。

在高等教育阶段，根据匈牙利教育局的最新数据，2022—2023 学年，学习语言专业的全日制大学生人数共 42645 人，③ 较上学年的人数增加了 2679 人。④ 在 2022—2023 学年，最受欢迎的外语语种是英语（21866 人），第二名和第三名依次是拉丁语（4885 人）和德语（4607 人）。

2000 年以后，除上文提到的 2002 年出台的《欧洲语言共同参考框架》（*Közös Európai Nyelvi Referenciakeret*，CEFR）和 2020 年出台的《国家基础教学计划》（*Nemzeti Alaptanterv, NAT*）之外，有关匈牙利外语教育主要的国家级和欧盟级的政策文件还有 5 种，它们分别是：

2003 年出台的《世界语言战略》（*Világ-Nyelv stratégia*）；

---

① "Magyar Közlöny 2020. évi 17. szám", MagyarKozlony.hu.[https://magyarkozlony.hu/dokumentumok/3288b6548a740b9c8daf918a399a0bed1985db0f/megtekintes]
② Farczádi Bencze Tamás, Jakus Enikő, Kránicz Eszter, Öveges Enikő, Perge Gabriella: *Útmutató az idegen nyelv tantárgy tanításához: a 2020-ban kiadott Nemzeti alaptanterv és kerettantervek alapján*, 20–21.
③ "Felsőoktatási statisztikai adatok, letölthető kimutatások (2021.)", Oktatas.hu.[https://dari.oktatas.hu/firstat.index?fir_stat_ev=2021]
④ "Felsőoktatási statisztikai adatok, letölthető kimutatások (2022.)", Oktatas.hu.[https://dari.oktatas.hu/firstat.index?fir_stat_ev=2022]

2012 年出台的《国家外语教育发展战略白皮书（小学阶段到大学阶段）2012—2018》（*A nemzeti idegennyelv-oktatás fejlesztésének stratégiája az általános iskolától a diplomáig. Fehér könyv 2012–2018*）；

2013 年出台的《国家外语教学》（*A nemzeti idegennyelv-oktatás*）；

2018 年出台的《关于公共教育中外语教学框架和有效性的研究报告》（*Vizsgálat a köznevelésben folyó idegennyelv-oktatás kereteiről és hatékonyságáról. Kutatási jelentés*）；

2020 年出台的《外语科目教学计划与方法指导手册——基于 2020 年发布的＜国家基础教学计划和框架教学计划＞》（*Tantervi és módszertani útmutató füzetek útmutató az idegen nyelv tantárgy tanításához a 2020-ban kiadott Nemzeti alaptanterv és kerettantervek alapján*）；

《世界语言战略》由匈牙利教育部联合坦帕斯公共基金会（Tempus Közalapítvány）为助力匈牙利公共教育系统更有效地进行语言教学而启动，得到了实际实施。该项目为提高学校语言教育质量采用了多层次的方法，其中包括支持教师扩展语言和教学方法知识；促进在专业课程中推广基于内容的语言使用；帮助开发适合弱势学生群体特殊需求的教学方法；并为新的教学方法和外语项目所需的物质条件提供支持，而这些举措的最终目标是让每个离开学校的匈牙利年轻人至少具备一门外语的中级水平和另一门语言的基础水平，能够维持和进一步发展他们的语言技能，并学习其他外语。[①] 这项战略奠定了匈牙利进入 21 世纪以后的外语教学基调，起到了承上启下的关键作用。《白皮书》分析了匈牙利外语教学的现状：外语知识的获取主要依靠中等教育阶段，高等教育阶段的外语教学主要目标是确保学生获得专业的语言知识，即中等教育阶段的语言培训应该能够确保学生获得两种可应用的、有证书的外语知识，高等教育阶段则是在此基础上提供专业的语言知识。《白皮书》按照教育阶段分析当时（2012 年）匈牙

---

① "Világ–NYELV pályázati program az idegennyelv-tudás fejlesztésére.", OSzK. hu.[https://epa.oszk.hu/00000/00035/00070/2003-04-te-xx-Vilag.html]

利外语教学的状况，概述了发展的主要方向。这些阶段及其外语教育的特点如下：

1）幼儿园阶段（3—6岁）

只有在批准下，匈牙利幼儿园才能进行零星的、用外语进行的幼儿园活动，且这项活动不同于学校的语言教学。幼儿园的外语活动大部分是在少数民族幼儿园进行的，这类幼儿园在维护和保护少数民族身份方面发挥着重要作用。《白皮书》总结了支持及不支持幼儿园外语教育的主要观点，支持的观点有：在幼儿期，学习外语是建立在自然语言习得过程之上的，在这个年龄段，母语的结构还没有固化，学习外语的方式与学习母语类似，而且早期语言学习可以对儿童的语言能力产生积极影响，增强他们的自信心，对发音和使用沟通策略也有益处；不支持的声音则认为，这个阶段的外语学习很难在小学阶段得到接续，而这这个阶段的儿童由于年龄过小，外语学习效率非常有限，还需要面对资金短缺等问题。

2）小学阶段（6—14岁）

与《国家基础教学计划》基本一致，目标是为匈牙利学生创造外语学习机会，使他们在14岁之前达到第一外语的A2水平，并从七年级起提供学习第二外语的机会。需要注意的是，在选择第一外语时（可以是英语或德语），必须确保学生在后续年级中能够继续学习该门语言。《白皮书》还提出了一系列的建议和举措：客观评估学生语言水平、学生自我评估、根据语言水平分班、强化教师外语水平、审查官方教科书目录。

3）中学阶段（14—18岁或10—18岁）

根据规定，中学和职业中学可以教授两门外语，但职业学校仅需教授一门，课时设置由学校决定。

4）大学阶段

大学阶段外语教学的目标是，在学生在基础教育中获得的语言知识基础上，提供在高等教育中学习一门或两门专业语言的机会。《白皮书》提出了发展和促进大学阶段外语教学的举措包括提供机会发展专业外语知识、在课程和考试要求中规定外语要求等。

2018 年公布的研究报告是根据 1360/2017 （VI 12）号政府决议
（1360/2017 (VI 12) Korm. határozat）开展的，旨在以实证方式了解学校语
言教育的框架和效果，并在此基础上制定外语教育战略。2020 年，外语教
育领域也在新冠疫情的影响下进行了人性化调整：①教育部门在 2020 年
暂停了因缺少语言考试而无法获得文凭者的语言要求，并颁发了学历证；
②在高等教育过程中，即使学生只完成了语言考试的一部分，也计入语言
考试的额外分数。①

这些政策性文件不仅可以帮助我们全面了解匈牙利外语教育政策的过
去和现状，更重要的是能为改进教学质量和效果提供理论基础和科学依据。
它们反映了匈牙利教育系统在外语教学方面的改革和发展方向，确保了匈
牙利外语教学的高质量开展。

3. 匈牙利高校外语教学现状

2020 年以来，总体来说，被匈牙利高等教育机构录取的学生人数略
有增加，外语学习者的数量也在增长。根据匈牙利中央统计局的最新数
据（截至 2024 年 1 月 4 日），2023—2024 学年，在匈牙利高等教育机
构的全日制课程中，有 215000 名学生正在学习，比上一年增加了 7400
人。超过 92% 的学生（198000 人）正在攻读高等教育本科和硕士学位，
另有 9700 人正在攻读博士学位，近 6600 人参与高等职业教育。目前在
高等教育机构工作的教师和讲师数量为 27000 人。该学年的外国学生
数量继续增长，人数超过 43000 人②。2022—2023 学年③ 和 2021—2022

---

① Farczádi Bencze Tamás, Jakus Enikő, Kránicz Eszter, Öveges Enikő, Perge Gabriella:
*Útmutató az idegen nyelv tantárgy tanításához: a 2020-ban kiadott Nemzeti alaptanterv
és kerettantervek alapján*, 5.

② "Oktatási adatok, 2023/2024 (előzetes adatok)", KSH.hu.[https://www.ksh.hu/s/
kiadvanyok/oktatasi-adatok-20232024-elozetes-adatok/index.html]

③ "Oktatási adatok, 2022/2023", KSH.hu.[https://ksh.hu/s/helyzetkep-2022/#/kiadvany/
oktatasi-adatok-2022-2023]

学年①，均有 207000 名学生在匈牙利高等教育机构的全日制课程中学习。2020—2021 学年，受新冠疫情的影响，高等教育机构继续采用远程数字教学模式教学，全日制学习的学生总数为 205000 人，比上一年增加了 1100 人②。从 2020 年至今，匈牙利高等教育机构的外语学习情况见表 3③。

表3　2020 年至今匈牙利高等教育机构外语学习情况

学年	英语	德语	法语	意大利语	西班牙语	拉丁语	俄语	其他
2020—2021	24962	5629	1157	1002	1642	6261	950	7208
2021—2022	25107	5145	1094	997	1844	5990	982	7415
2022—2023	27348	5365	1294	1128	1799	6444	817	7159
2023—2024	30983	6417	1196	1094	2193	7602	818	6790

但若将时间范围拉长至近 20 年，那么总体来说，被匈牙利高等教育机构录取的学生人数略有增加，外语学习者的数量有所降低。

4. 匈牙利高校外语教学特点

目前，匈牙利高校的外语教学显示出以下几大特点：

4.1. 高校外语教师身兼数职

目前，匈牙利高等教育语言教学的组织框架和要求正经历显著变革，大多数高等教育机构本身正在或已经经历组织架构和模式的转变，与基础教育相比，教学目标也在发生变化。值得注意的是，大学语言教师在承担教学任务的同时，还需兼顾多项其他工作，如发表论文、申请

---

① "Oktatási adatok, 2021/2022", KSH.hu.[https://ksh.hu/s/helyzetkep-2021/#/kiadvany/oktatasi-adatok-2021-2022]

② "Felsőoktatás, 2020/2021", KSH.hu.[https://www.ksh.hu/docs/hun/xftp/idoszaki/oktat/felsooktatas2021/index.html]

③ "23.1.1.23. Idegen nyelvet tanulók a felsőoktatásban", KSH.hu.[https://www.ksh.hu/stadat_files/okt/hu/okt0023.html]

项目、考试评分等。[①] 根据布达佩斯科技经济大学（Budapesti Műszaki és Gazdaságtudományi Egyetem）的艾因霍恩·艾格尼丝（Einhorn Ágnes）教授在 2022 年对匈牙利 17 所高校外语教学目标和内容的考察研究，她发现，根据高等教育机构对外语的需求，外语教师不仅要从事教学工作，还要进行翻译和校对的工作，这些工作可以为大学带来独立的收入，还能提高学校的声誉，但同时也使超过半数高校的外语教师几乎没有或很少有时间从事研究工作，几乎所有教师都以语言教师的身份工作[②]。匈牙利目前对于这种现象的看法差异较大，但不可否认的是，教师的精力分配直接影响了高校外语教学的质量。

4.2. 语种资源有局限

艾因霍恩·艾格尼丝教授的调查发现，在 17 所匈牙利高校中，其中 3 所高校有 10 种以上外语学习的机会；6 所高校教授 5—8 种语言；而在 8 所大学中，除了英语和德语，仅教授拉丁语或另一种外语。每个机构都教授英语和德语，但德语的学生人数较少。在罗曼语系的外语教学中，主要教授法语，其次是西班牙语。一些高校教授俄语、意大利语、拉丁语和葡萄牙语。而古希腊语、中文、日语、阿拉伯语、韩语的教学点则较少[③]。虽然这些高校正在努力提供更广泛的外语选择，但是与其他国家相比，语种的资源还是比较有限的。

4.3. 对外语教学的态度不一

外语教学在匈牙利通常不被列为最重要的待解决任务之一，对于外语在学生毕业中的要求也不一：一些匈牙利高校将语言教学局限于确保每个

---

① Csányi Eszter, Virágh Árpád: "Nyelvtanulás. Nyelvtanulás? Nyelvtanulás!", *Szemelvények a BGE kutatásaiból* II. kötet, 59–67, Budapest: Budapesti Gazdasági Egyetem, 2023.

② Einhorn Ágnes: "Az idegennyelv-tanítás célja és tartalma a felsőoktatásban", *Modern Nyelvoktatás*, 2022, 3/4. 6–26.

③ 同上。

学生在完成学业前获得必要的语言考试证书（通常是英语），而还有一些匈牙利高校支持学生在大学阶段发展多语言学习，除继续发展中学教育中已开始学习的一种或两种外语外，还提供学习其他外语的机会，甚至可以从初级水平开始学起。

5. 对我国"一带一路"建设中大学外语教学的启示

"一带一路"倡议作为我国推动国际合作与发展的重要战略，覆盖了亚洲、欧洲和非洲的多个国家与地区，与沿线国家的经济、文化交流日益密切。语言作为跨文化交流的核心工具，外语教育在"一带一路"建设中扮演着重要角色。作为 14 名诺贝尔奖获得者的故乡，匈牙利在人才培养方面备受关注，尤其是教育领域得到世界认可。匈牙利外语教学实践中，无论是基础教育阶段还是高等教育阶段，均有其本国特点，为我国外语教学提供了诸多启发。结合我国的实际情况，可以从以下几个方面拓展外语教育的思路与实践：

5.1. 完善外语教育体系，优化外语教育起始阶段

匈牙利的外语教育体系具有明确的阶段性和层次性，从小学、中学到大学，每个阶段的外语学习目标清晰，注重学生语言能力的循序渐进发展。我国外语教育可以以此为参考，在外语教育起始阶段设计更加科学的学习目标。此外，我国可以探索类似匈牙利的"文化领域"教学模式，将外语学习与其他学科知识结合，增加跨文化交流课程，培养学生的文化敏感性和跨文化沟通能力。

5.2. 第一外语启蒙不宜过早

除去家庭、民族等个别群体外，匈牙利在小学四年级开始第一外语启蒙。幼儿园、小学低年级阶段的儿童，需要大量时间进行户外运动、玩耍和学习能力、习惯培养，为之后的十余年学习奠定坚实基础。如果条件允许，学校或家庭可以在游戏、运动、玩耍等过程中，以沟通方式进行非教学式"第二母语"习得。在小学中期，待儿童逐步适应校园学习后再全面开展外语

教学。

5.3. 推动第二外语学习，培养多语种复合型人才

匈牙利重视第二外语教学，这与其国土面积小、邻国众多、贸易主导型经济等国情有密切关系。但不可否认，第二外语学习有利于提升学生外语学习的能力和动机。匈牙利人常说，最难的外语是第一门，第二外语学习将极大促进第一外语以及之后其他语言学习能力和动机。第二外语教学不一定需要举国推广，但其重要性应该得到更多重视，支持、鼓励学校和家庭在合适阶段开展第二外语兴趣学习或专门学习。在高等教育阶段，可以借鉴匈牙利高校的经验，设置多语种课程体系，并通过跨学科合作培养复合型人才。

5.4. 高校语言类专业招生应增加学生基础教育阶段语言学习能力考评

同样经过基础教学阶段多年外语学习，但对于同样分数的高考考生而言，有些人语言、文字能力强，有些人则较弱。因此高校语言类专业招生中，如能增加学生语言学习能力考评，实现教学资源的更合理匹配，必将更广泛地发掘语言人才、更好地促进语言专业发展，更好服务于国家语言安全战略。

5.5. 推动外语教学的信息化与数字化

我国在外语教学的信息化方面也取得了一定进展，但仍有较大提升空间。例如，对于"一带一路"沿线国家的小语种，在数字化教材等方面仍面临资源匮乏的现象，学生的自主学习能力尚需进一步培养。因此，可以在教学实践中推广智能化、数字化的语言学习工具，帮助学生在 AI 时代全面提升语言能力。鼓励高校与国际教育机构合作，采用联合开发课程或在线教学资源，实现资源共享。

6. 总结

本文首先分析了匈牙利外语教育的现状及其在多语种学习方面的经

验，指出其外语教学具有目标清晰、阶段分明和文化融入度高的特点。匈牙利从小学阶段开始外语启蒙，通过明确的教学计划逐步提高语言能力，特别是对第二外语的重视，为培养多语种复合型人才奠定了基础。同时，匈牙利的高校外语教学注重语言实践能力、文化认知能力和教学资源的多样化运用，形成了较为完善的政策保障体系。匈牙利外语教育体系为"一带一路"倡议背景下我国大学外语教学提供了重要启示。

捷克的外语教学沿革与现状

陈欢欢① 田浩琛② 张大衍③

摘要： 本文旨在探讨捷克共和国外语教学的历史演变及其现状。捷克位于欧洲中部，西南毗邻德国和奥地利，东邻斯洛伐克，北邻波兰，其独特的地理位置、历史背景以及欧盟成员国的身份，共同塑造了其文化的独特性，既有斯拉夫文化的根基，又深受德意志文化的影响。捷克的语言政策和外语教学实践随着国内外环境的变化而不断演进。历史上，德语、俄语和英语在捷克外语教育中占据重要地位，而随着全球化的推进，受到经济发展需求、欧盟语言政策等多方面因素的影响，共同塑造了捷克外语教育的多样化和国际化发展趋势，法语、西班牙语、意大利语、阿拉伯语、日语和中文等语言也逐渐受到重视。本研究通过资料收集法，分析了捷克外语教学的历史沿革与当前状况，并从社会和语言政策的视角，探讨了捷克外语教学面临的困难和挑战。

关键词： 捷克、外语教学、语言政策

---

① 作者：陈欢欢，女，北京外国语大学硕士，北京外国语大学在读博士研究生，北京第二外国语学院欧洲学院德捷斯斯（德意志—捷克—斯洛伐克—斯洛文尼亚）系捷克语教研室讲师。

② 作者：田浩琛，男，（捷克）布拉格金融与管理大学硕士，北京第二外国语学院欧洲学院院长助理，德捷斯斯（德意志—捷克—斯洛伐克—斯洛文尼亚）系捷克语教研室主任、讲师。

③ 作者：张大衍，男，交稿时为北京第二外国语学院捷克语专业 2019 级本科生。

1. 引言

捷克共和国地处斯拉夫文化与德意志文化交界处，自民族文化及语言体系初具框架之时，捷克语就与德意志文化圈产生了密不可分的联系。除了深受德语文化圈影响外，捷克文化还与西斯拉夫民族的波兰、斯洛伐克紧密相连，同时也与南斯拉夫各国以及位于欧洲东部的乌克兰、白俄和俄罗斯等斯拉夫文化保持着密切的文化联系。因此，作为连接东西欧的桥梁，捷克在历史的发展过程中，其人民逐渐受到两大文化——德语文化和斯拉夫语族文化的深刻影响。

随着时代的发展，以及捷克加入欧盟后基于自身发展的导向，英语成为捷克人学习的主流外语。直至今日，学习德、俄、英三种语言的捷克人在各年龄段中仍占有相当大的比重。在捷克经济同欧洲与世界接轨的过程中，越来越多的捷克人不再拘泥于传统的选择，而将视线放到了法语、西班牙语、意大利语、阿拉伯语等语言上。本文在对其语言政策以及外语教学沿革进行简略梳理的基础上，主要采用资料收集法介绍其外语教学的现状以及未来所面临的问题和可能采取的相应措施，并借此思考中捷外语教学互学互鉴以及未来外语教学发展的可能性。

2. 捷克的基本语言政策和外语教学沿革

2.1. 捷克基本语言政策

捷克共和国成立之后，捷克语作为国语的重要地位并未像斯洛伐克语在斯洛伐克一样被以宪法或语言法的形式加以规定，只是在一些法律条款中隐性存在①。有学者指出，捷克居民认为捷克语并没有处在危险的境地，同时捷克语也没有什么值得从国家层面来解决的问题②。除了捷克语外，

---

① Marcela Býčková: *Česká a polská jazyková politika po roce 1989*, Univerzita Pardubice, 2012.

② 王辉、王亚蓝：《"一带一路"国家语言状况与语言政策（第一卷）》，北京：社会科学文献出版社，2016年。

国家还承认少数民族语言的使用权。捷克共和国是一个多民族国家,少数民族包括斯洛伐克人、波兰人、德意志人、罗姆人和匈牙利人等。根据欧盟《欧洲区域或少数民族语言宪章》和国家《少数民族权利法》的规定,少数民族有权在地方政府、教育及文化活动中使用其母语。在某些具有历史传统的少数民族聚居区,少数民族语言可以与捷克语同时用于公共标识和教育教学中。

随着捷克在 2004 年加入欧盟,国内语言政策也逐步受到欧盟语言政策的影响。欧盟倡导多语言主义,鼓励成员国公民掌握两种以上的外语。这一倡议在捷克得到了广泛响应,推动了外语教育的发展,特别是英语、德语和法语等欧盟主要语言的普及。捷克政府在教育体系中积极推进多语言教育,从基础教育到高等教育阶段均设立了多种外语课程,旨在培养具有国际竞争力的多语言人才。

此外,捷克政府还制定了相关政策以支持捷克语的全球传播。通过在世界各地设立捷克文化中心、提供捷克语课程、支持捷克文学和艺术的翻译出版,捷克语的国际影响力正在逐步扩大。这有助于提升全球捷克族裔文化认同。

2.2. 捷克外语教学沿革

捷克的外语教学历史深远,深受其独特的地理政治位置、文化传统和不断变化的社会环境所影响。在中世纪时期,罗马天主教对捷克的教育系统有着深刻的影响,拉丁语作为欧洲大陆上宗教和学术界的主要语言,在外语教学中占据了核心地位。拉丁语不仅作为宗教仪式的通用语言,也是捷克学术界和知识传播的关键工具。

从 15 世纪到 16 世纪,罗马教廷在教育领域的影响力是无可争议的,外语教学几乎完全以拉丁语为中心。据历史文献记载[①],拉丁语是中世纪

---

① Marcela Býčková: *Česká a polská jazyková politika po roce 1989*, Univerzita Pardubice, 2012.

捷克所有学校课程中的主要科目。捷克学生从入学的第一年就开始学习拉丁语，他们需要在教师的指导下记住拉丁语单词对应的捷克语意思；到了第二年，学生们学习拉丁语的语法，如格和时态；更高年级时，则进一步深入研究语法和修辞技巧，并被要求掌握用拉丁语进行写作的能力。在这一时期，学校严格禁止学生在校园内使用母语捷克语进行交流，能否说拉丁语成为了受过教育者与普通民众之间的明显区别。

宗教改革的到来，为语言学习带来了重大变革。捷克的教育家和宗教改革家扬·胡斯积极推动捷克语在民众中的普及。虽然拉丁语仍然是教育课程中的重要组成部分，但其他外语也开始受到重视。对于那些不适合学习拉丁语的学生，家长会将他们送往德国学校学习德语，因为在当时的世俗生活中（尤其是商业活动中），德语的实用性超过了拉丁语。此外，被誉为西方现代教育奠基人的考门斯基提出，学校应该教授学生必要的外语，但对于小学生，应该让他们从强制学习拉丁语或德语的束缚中解放出来，让他们有八到十年的时间来学习母语。根据个人兴趣和需要，学生可以选择学习德语、希腊语、阿拉伯语、希伯来语等，这些语言对应着宗教改革后捷克的各个学术领域，如科学、哲学、医学和神学。

在宗教改革之前和之后一段时期，拉丁语作为中世纪的主要交流语言，占据了捷克学生几乎所有的学习时间。从查理曼帝国的分裂到神圣罗马帝国的终结，拉丁语在捷克的外语教学中一直占据着重要地位。即使在今天，拉丁语在捷克的大学中仍然是一门独立的学科。历史上，拉丁语曾是每个捷克儿童在学龄阶段必须学习的语言，其在捷克早期教育史上的重要地位不容忽视。然而也应该看到，德语、希伯来语等其他语言的外语教育在这一时期也开始出现。

进入近代，拉丁语的学习日渐式微。19 世纪中叶，捷克民族复兴运动兴起。这一时期，捷克人民开始重拾对自身语言和文化的认同，强调捷克语的重要性，反抗德意志化和奥匈帝国的压迫。在此背景下，德语成为捷克社会中的一种矛盾语言。一方面，德语是统治者的语言，是上层社会和行政管理的通用语；另一方面，它也被视为压迫捷克民族文化的象征。因此，捷克知识分子和教育界开始努力推动捷克语的复兴，并将其重新纳入教育体系。然而，由于奥匈帝国的统治和强大经济影响，德语在捷克的外语教育中仍占据重要地位。同时，英语也在这一时期开始引起重视，特别是在国际贸易和外交中的应用逐渐普及。

20 世纪初，拉丁语教学只出现在文法学校（即普通高中），英语和德语占据了捷克学生学习外语的主流。但随着第二次世界大战的进行，捷克民众反法西斯的热情燃烧到了对德语的学习上，越来越多的捷克民众开始反对学习德语。

随着苏联红军解放了捷克斯洛伐克，在二战结束后，捷克斯洛伐克也加入了华约阵营，成为苏联的"卫星国"。在这一时期，民众纷纷开始学习俄语。1948 年，时任捷克斯洛伐克政府在哥特瓦尔德领导下，通过了强制学生学习俄语的 1948 年第 95 号法案，开始实行统一的教育制度。该法案规定了俄语成为中小学第一必修外语①，而德语、英语、法语以及其他语言可作为第二必修或选修外语，且大多在初中或高中阶段才开始教学。在这一时期，各种政府牵头的俄语竞赛也开始举办，例如普希金纪念赛（Soutěž Puškinův Památník）及俄语奥林匹克（Olympiáda v ruském jazyce）。

1968 年，苏联武装干涉"布拉格之春"改革，华沙条约组织缔约国在苏军带领下占领了捷克斯洛伐克。捷克民众此时对待俄语的态度与二战时期对德语的态度如出一辙。而政治压迫一直持续到 1989 年，这一时期史学家称为"正常化"时期，俄语学习在学校里是强制的，一如当年罗马教廷对于学生学习拉丁语的态度及政策一样。

1989 年的天鹅绒革命带来了深刻的变革，这种变革不仅局限于政治领

---

① "Rozvoj školstva na území Slovenska", SZM.com, 2004. [https://historia.szm.com/dejinyskolstva/vseobecne.htm]

域，还迅速蔓延至教育系统。改革后，学生获得了自由选择学习外语的权利。根据捷克教育家扬·普鲁哈（Jan Průcha）1999 年的调研结果，小学生们在外语学习中的首选几乎都抛弃了俄语，而选择了英语或德语作为第一外语。在一些与德国接壤的地区，德语的重要性大于英语。在首都及大城市，英语被视为国际交流的最优选择。

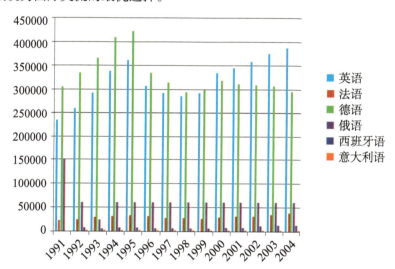

图 1　1991 年至 2004 年在主流班和特殊班学习外语的中学生总数

来源：捷克教育部年报统计数据。

　　从图 1 可以看出，直到 20 世纪末，德语教学占上风，之后逐渐被对英语的需求所超过。21 世纪以来，英语一直是占主导地位。俄语教学在 1990 年代有所下降，而在 21 世纪初，特别是在工业领域的岗位方面，对俄语教学的需求再次缓慢扩大。与此同时，特别是在 2000 年之后，人们对法语、西班牙语和意大利语学习兴趣日益浓厚。[①]

　　尽管学生对英语的兴趣显著高于德语，但英语教师的数量远不足以满足日益增长的需求。与此形成鲜明对比的是，曾经广泛普及的俄语教师数

---

① "Rozvoj výuky cizích jazyků", NPI.cz, 2018-04-24. [https://archiv-nuv.npi.cz/uploads/P_KAP/ke_stazeni/pojeti/P_KAP_pojeti_Rozvoj_vyuky_cizich_jazyku_03042018.pdf]

量严重过剩。这一时期，一些资源匮乏的地区在小学阶段仍主要提供德语教学，因为这些地区难以找到充足的英语教师来支持学生的需求。捷克学者的统计结果表明，如果将研究范围锚定英语和德语（俄语事实上已经鲜有学生选择），仅有布拉格的英语学习者数量以 69% 的比例压倒德语学习者。其余地区均呈现均势，或是德语学习者更多的情况。具体见图 2。

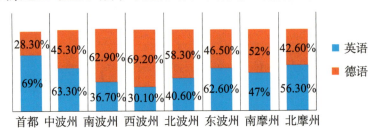

图 2　基础教育阶段选择英语或德语的倾向：地区差异

说明：西捷克州的德语学习者占比最高，因为此州与德国接壤。来源：捷克教育部年报统计数据。

在官方语言政策方面，"必修一门外语"于 1990 年起成为强制内容。虽然家长和一些学者对其表示反对，但自 1996 年起，四年级学生被要求必须选择至少一门外语进行修读。在高中毕业考试中，外语是必考科目，可以选择一门外语（主要是欧洲语言）进行考试。

3. 捷克外语教学现状

3.1. 捷克外语教学数据概览

根据捷克统计局的数据，截至 2022 年 1 月 1 日，捷克共有人口 1052 万人，其中完成基础教育的人口数量占比 12.5%；完成初中教育的人数占比 31%，完成高中教育的人数占比 32.5%；完成高等教育的人口数量占比 17.6%。这三类教育水平的人口占比总和已达到 93.6%，其余为"未知教育程度"5.8% 与"未受教育"0.6%。（见图 3）

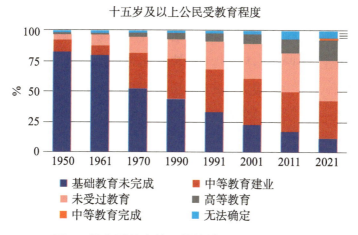

图 3 捷克受教育情况的统计，1950—2021

来源：捷克统计局

在捷克，掌握至少一门主要外语的人口比例很高。2023 年 10 月 3 日，
欧盟委员会发布了一则关于欧盟成员国在校生外语学习情况的相关新闻。[①]
欧盟大多数中小学学生至少学习一门外语：2021 年，86.3% 的小学学生、
98.5% 的初中学生和 91.0% 的高中学生学习一门外语。61.0% 的高中学生
学习两门或两门以上外语，作为必修科目或必修课程选项。在这项调查中，
捷克的统计数据也值得关注：99% 的捷克高中生学习两门或两门以上的外
语，在欧盟范围内与斯洛伐克和罗马尼亚并肩位于前列，仅次于 100% 的
卢森堡和法国。

英语是欧盟各个国家普通高中和职业高中学习人数最多的外语，分别
有 96.8% 和 78.6% 的学生学习英语。在普通教育方面，西班牙语排名第二
（26.8%），其次是法语（22.3%）、德语（21.8%）和意大利语（3.2%）。
在职业教育方面，德语排名第二（17.9%），其次是法语（16.4%）、西班
牙语（7.0%）和俄语（2.2%）。在捷克，德语排名第二。

从前文介绍的捷克外语教学发展历史和上述统计数据不难看出，捷克

对外语教学的重视度非常高。这种重视不仅体现在学习外语的学生数量上，还体现在学生所学习的外语数量上，且这种重视度也反映在外语教学质量的逐步提升上。加入欧盟后，捷克在政治与经济上都迎来了突破。相应地，在教育层面，捷克也在全力去完成欧盟的外语学习任务。

在国家一级，外语教学概念的基本出发点是《框架教育计划（*Rámcové vzdělávací programy*）》，它为学前教育、小学教育、基础艺术教育、语言教育和中等教育等所有教育领域的学校制定学校教育计划形成了一个具有普遍约束力的框架。在捷克共和国，关于学前教育、基础教育、中等教育、高等教育和其他教育的第 561/2004 号法令（《教育法》）于 2004 年生效。该法案于 2015 年根据第 82/2015.4 号法律进行了修订。

3.2. 学龄前外语启蒙

学龄前外语启蒙，不同于传统外语教学，而是以激发外语学习兴趣为目的，为外语习得做准备。捷克教育部的《国家外语教学计划》确定了学龄前外语教学的目标和方法，但因非强制性和师资有限，相较于西欧国家，学前教育中的外语教学普及和水平有待提高。

自 2019 年以来，捷克共和国的幼儿园数量有所增加，目前有 5374 所。私立幼儿园的比例略有增加（增加了 0.4%），增加了 22 所。同期，50 名儿童以下的小型幼儿园的比例略有下降，减少了 2 个百分点，这意味着减少了 96 所。在捷克，约 90% 的 3—6 岁儿童接受学前教育，越来越多的幼儿园提供基本的英语或德语，主要提供英语，对其他外语的兴趣相对较少。

在《国家外语教学计划》中的《外语教学行动计划》中，明确提出了应为学龄前儿童提供外语教学的指导方针。计划建议在学龄前教育的最后一年开始外语教学，目标是通过游戏和互动的方式让孩子们初步接触外来文化和表达方式，激发他们对外语学习的兴趣，并为日后的外语习得打下良好的基础。

该计划强调，外语教学应由经过专业培训的幼师来实施。这些教师不仅需要具备扎实的外语技能，还应了解幼儿心理发展特点，能够将外语教学自然融入到日常对话和游戏活动中。计划特别指出，外语学习不应通过传统的课堂教学方式进行，而应以轻松愉快的日常交流为主，让孩子们在无压力的环境中自然习得外语。这种基于日常对话的学习方法，旨在通过潜移默化的方式使儿童逐渐熟悉外语，避免因压力和强制性学习带来的抵触情绪。

此外，捷克政府还计划为幼儿园提供必要的资源和支持，包括开发适合学龄前儿童的外语教材和教学工具，以及定期组织教师培训，以确保外语教育的质量和一致性。通过这些举措，捷克希望在未来培养出一代语言能力更强、文化适应性更高的年轻人，为他们在全球化背景下的学习和职业发展奠定坚实基础。

幼儿园的外语教学不是强制性的。幼儿园的外语教学可以用"适应小学课程"的名义进行，采用"跨级科目"的方法程序。超过一半的外语教学由外部教师提供（52.8% 的托儿所），38.8% 的托儿所由内部教师授课。调查结果表明，没有接受过专门培训的教师比例很高（49.4%），即使他们有足够的外语能力，也并不总是完全掌握适合学龄前儿童教育的方法和教学程序。

外语教学已经融入了学前教育课程，但捷克与德国或法国等其他欧洲国家相比还比较落后。为了进一步发展捷克共和国的学前外语教学，至关重要的是提高人们对早期语言接触益处的认识，并投资于培训能够有效进行语言教学的教师。还需扩大语言课程和计划的范围，以支持早期的多语言教育。通过这种方式，捷克可以更好地为下一代应对全球化世界的挑战做好准备，并确保他们在国际劳动力市场上的竞争力。

在《国家外语教学计划》中的《外语教学行动计划》中，明确提出了应为学龄前儿童提供外语教学的指导方针。计划建议在学龄前教育的最后一年开始外语教学，目标是通过游戏和互动的方式让孩子们初步接触外来文化和表达方式，激发他们对外语学习的兴趣，并为日后的外语习得打下良好的基础。

该计划强调，外语教学应由经过专业培训的幼师来实施。这些教师不仅需要具备扎实的外语技能，还应了解幼儿心理发展特点，能够将外语教学自然融入日常对话和游戏活动中。计划特别指出，外语学习不应通过传统的课堂教学方式进行，而应以轻松愉快的日常交流为主，让孩子们在无压力的环境中自然习得外语。这种基于日常对话的学习方法，旨在通过潜移默化的方式使儿童逐渐熟悉外语，避免因压力和强制性学习带来的抵触情绪。

此外，捷克政府还计划为幼儿园提供必要的资源和支持，包括开发适合学龄前儿童的外语教材和教学工具，以及定期组织教师培训，以确保外语教育的质量和一致性。通过这些举措，捷克希望在未来培养出一代语言能力更强、文化适应性更高的年轻人，为他们在全球化背景下的学习和职业发展奠定坚实基础。

3.3. 义务教育阶段的外语教育

按照教育部的规定，捷克小学生进入九年义务教育的第三年，外语教育是必修课，学校每周需分配三个小时的时间来教授其选定的外语。在许多学校，英语是从一年级开始教的。随着学生水平不断提高，每周外语学习的时间会逐步增多。然而，如何分配这三个小时的决策权却属于每个小学的校长，政府并未强制规定如何在细节层面安排学时。政府只是规定最低要求，而校长有权增加学时。

与 1989 年天鹅绒革命刚刚结束时英语教师短缺的情形不同，如今学生们已经能够自由地选择学习英语而不受师资力量不足的限制了。小学阶段的语言教学多以英语或德语为主。第二外语则作为选修，从八年级开始教授第二外语。[①] 如果第一外语为英语或德语，那么第二外语可选的有法语、俄语、西班牙语或其他语种；反之，如果第一外语为法语、俄语、西班牙语或其他语言，那么第二外语必须选择英语或德语，且英语或德语将始终

---

① "Cizí jazyky ve škole", NPI.cz, 2013-03. [http://archiv-nuv.npi.cz/uploads/Periodika/VZDELAVANI/P_3_13.pdf]

成为该学生的第二外语，不许改变。值得注意的是，斯洛伐克语具有特殊的地位，没有必要将其归类为另一种外语。

针对这些情况，有些学校会自己创建学习课程，有些学校也会为少部分学生单独开设教室以便整合班级。与其他欧洲国家一样，英语是捷克学校中教授最广泛的外语。第二常教授的语言是德语，但捷克学校的学生和家长对德语的兴趣已经大大下降。

据统计，2010/2011 学年，96.3% 的学生在小学学习英语，在 2011/2012 学年，这一比例为 98.5%，如今 2022/2023 这一数据已几乎接近 99%。另一方面，许多学校没有分配足够的时间来教授第二外语，教学经常从中午开始或作为兴趣班的一部分进行。近三分之一的小学教师没有足够的资格教授英语。调查结果显示，在所访问的小学中，母语人士教授外语的比例很低，例如，在英语教学中，这一比例为 3.1%，在德语教学中，这一比例为 5.4%。

关于教学法，教育部推荐用外语教授某些科目（全部或部分），即所谓的 CLIL（Content and Language Integrated Learning）课目与语言整合式学习，它使学生能够同时提高认知和外语能力。

综上，围绕着义务教育阶段的两种外语教学，从国家政策导向到学校主动性的体现，无不展现了捷克历届政府对外语教育的重视。

3.4. 中学阶段的外语教育

文法学校（Gymnazium）为学生提供完整的等同于我国高中阶段的教育，并以此作为学生进入大学深造的"前奏"。在文法学校里，外语教学的时长相较于义务教育阶段被提升了重要性，主要体现在学时和任务量的增加。在文法学校里，外语教学被视为使学生获得在欧盟范围内跨文化交流的基础，其教学目标是赋予学生超出母语范围的文化财富。

自 20 世纪 90 年代以来，外语教学在文法学校中的地位越发重要。与义务阶段的纯语言教学不同，文法学校中的外语教学体现出对于外语、外国民众和外国文化的理解和交流。在文法学校，学生应该加深在小学时已经掌握的特定语言的沟通技巧，并对一些跨文化的现象进行理解和掌握。

在文法学校学生需要学习第一外语和第二外语，两种外语的学时均为每周三小时，并且学校可以依据学生所学外语调整学时。除了在语法等方面对外语的学习，学校在额外设置的学时里还会纳入例如外语会话等课程，作为可选教育项目的一部分进行授课。

捷克教育部颁布的《框架教育计划（*Rámcové vzdělávací programy*）》对文法学校中对高年级学生开展的外语教学做出了规定：对学生教授外语可以帮助学生加深在义务阶段获得的沟通技能（语言、社会语言、实用知识）。外语领域的教育以学生在先前教育中获得的欧洲共同语言对应的A2 级语言知识和沟通技能水平为基础，旨在根据该框架达到 B2 级。或是以学生在先前教育中获得的欧洲共同语言参考框架对应的 A1 级语言知识和沟通技能水平为基础，旨在达到 B1 级。这些要求针对不同文化背景的学生，比如有些学生来自多国背景的家庭，其幼年时已经有一些外语的基础，而另外一些学生没有来自家庭的外语教育。中学毕业生的语言能力设定为 B2 级别，根据欧洲共同语言参考框架，可以超过该水平。这种语言技能将使他们能够与其他欧盟国家的居民顺利交流。

从捷克学校监察局 2023 年对学生参加高中毕业联考外语知识和技能测试的分析来看，可以得出结论，有 96.7% 的学生外语测试是合格的。在中等职业学校的学生中也可以观察到类似的情况。[①]

3.5. 中等职业教育

根据《中等职业教育纲要（*Rámcového vzdělávacího programu pro úplné střední odborné*）》，学生每周至少投入十个小时的外语教学。与文法学校一样，完全中等职业学校同样需要学生学习两种外语。

相较于文法学校，中等职业教育的教学大纲的规定不再那么详细，外

---

① "Sekundární analýza: Znaky základních škol s výrazným posunem v národních testováních", Csicr.cz, 2024-06-11. [https://www.csicr.cz/cz/Aktuality/Sekundarni-analyza-Znaky-zakladnich-skol-s-vyrazny]

语教学领域也不再细分，仅保留了每周三小时的最低学时，也不像文法学校一样为学生增加各种额外的外语学习项目。当然，这与二者的侧重不同有关。

捷克学校监察局对中等职业学校毕业生向劳动力市场过渡的报告（NÚV）显示就毕业生的准备程度和语言能力的掌握程度而言，雇主感到他们有一定的外语储备，特别是对于参加过高中毕业联考的毕业生。学生们对中学所学的外语水平或多或少感到满意。然而，如果考虑到根据劳动力市场的要求，对用外语进行交流的程度进行评估，那么只有小部分雇主感到满意。要想成功进入劳动力市场，学生们缺乏对一门外语的较好的了解，这与人们认为日常使用外语交流的能力不足有关。拥有职业教育与培训证书的学生感到缺乏外语交流的知识储备。

3.6. 大学阶段的外语教育

在国家教育系统层面，决定捷克教育政策的最高文件是捷克共和国政府于 2020 年批准的《2030+ 捷克共和国教育政策战略（*Strategie vzdělávací politiky České republiky do roku 2030+*）》。在高等教育层面，主要战略材料是教育部于 2020 年 6 月 30 日批准的《高等教育战略计划（*Strategický záměr ministerstva pro oblast vysokých škol*）》及其年度更新。

自 20 世纪末以来，外语教学在捷克大学中占据了重要地位。大学生通常被要求学习至少一门外语，许多学校还鼓励学生学习两门或更多外语。外语课程在大学里被分为必修课和选修课，具体安排根据各学科的需求而有所不同。大部分理工科和人文社科类专业都会将外语教学作为学生毕业的基本要求之一。

在大学阶段，外语教学被视为提升学生跨文化交流能力和全球竞争力的重要环节。与中学阶段相比，大学阶段的外语教学不仅注重语言技能的进一步提高，还强调学生在特定领域内的专业语言能力培养。在大学课程中，外语学习往往与专业教育紧密结合，学生不仅要学习外语的高级语言技巧，还需掌握与其专业领域相关的外语知识。

在大学阶段的外语教学中，教学内容不仅限于语言的语法和词汇，更包含了文化背景、专业术语以及跨文化交际能力的培养。课程设计旨在帮助学生达到欧洲共同语言参考框架（CEFR）中的 B2 或更高级别的语言水平，使他们能够在国际学术交流、研究和职业生涯中有效使用外语。与此同时，外语教学还注重培养学生的自主学习能力，通过提供各种语言资源和实践机会，鼓励他们在课堂之外继续深化外语学习。

捷克的许多大学还设有语言中心或语言系，专门为学生提供广泛的外语课程选择和语言支持服务，例如查理大学、马萨里克大学等。这些机构通常会与国际合作伙伴合作，提供交换项目、国际实习和外语认证考试的机会，进一步增强学生的外语应用能力和国际视野。

3.7. 捷克外语教学的问题及应对措施

捷克的外语教学虽然取得了一些成就，但依然面临一些具体挑战，这些问题需要通过实际行动来解决。

第一，外语教师资源分布不均衡仍然是捷克外语教学的主要问题之一。在经济发达的城市和大学，英语、德语等主流外语的教师较为充足，然而在偏远地区和乡村学校，合格的外语教师稀缺。这种不均衡导致了教育质量的地区差异，使得农村学生在外语学习上的机会和城市学生相比大打折扣。

第二，外语教学的现代化水平有待提高。[1] 虽然一些城市学校和大学已经引入了多媒体教学设备，如语言实验室、在线学习平台和虚拟现实技术，但这些先进的教学工具在全国范围内的普及度还不够高。例如，许多偏远地区的学校仍然依赖传统的教学方法，缺乏现代化的外语教学资源，影响了学生的学习效果。

第三，学生学习动机下降。尽管捷克学生对英语的兴趣普遍较高，其

---

① "MŠMT upozorňuje na informaci Akademické informační agentury (DZS)", MSMT. gov.cz. [https://msmt.gov.cz/vzdelavani/zakladni-vzdelavani/msmt-upozornuje-na-informaci-akademicke-informacni-agentury]

他外语如德语、法语和西班牙语的学习动机却有所下降。这种现象在大学阶段尤为明显，许多学生只选择学习英语，而忽视了其他外语的重要性。随着欧洲一体化的深入，掌握多种外语对于参与留学项目和提升职业竞争力变得越来越重要。

第四，接受高等教育的学生的语言教育水平差异悬殊。有些学生使用外语就一般事务进行交流的能力尚可，但在正式文体书面表达时展现能力不足。借鉴智能写作的趋势大有增长，但这样并不能改善学生们在语法、文体、拼写和词汇方面的所有缺陷。

针对以上这些问题，捷克政府和教育机构已经采取了一系列措施。为了解决教师资源不均的问题，政府通过提供更多的经济支持和职业激励措施，吸引优秀外语教师到偏远地区任教。例如，提供额外的津贴和住房补贴，并鼓励教师参加进修和培训项目以提高教学能力。向所有公民提供语言教育需要足够数量的高素质外语教师。通过增加教育教师的院系学习计划的数量和多样性，以及接受更多的申请者，特别是综合学习形式的申请者，将解决足够数量的外语教师问题。支持未来教师和各类学校教师的海外学习留校。根据新制定的《外语教学人员继续教育课程体系框架计划》，现有教师将有机会在各自的领域进一步进行自我教育。[1]

另外，为了提高外语教学的现代化水平，捷克政府积极推动数字化教育改革。通过引入多媒体教学工具、开发在线课程和远程教育平台，教育部门致力于让所有学生都能享受现代化的外语教育。例如，学校鼓励学生使用语言学习应用程序，如 Duolingo，以便在课堂之外进行自主学习。

捷克各大高校也在努力通过项目合作和国际交流来增强学生的多语言能力。例如，许多大学参与了伊拉斯谟项目，通过与其他欧洲高校的合作，提供多语言学习的机会，学生可以在不同的国家交换学习，提升语言能力

---

[1] "Národní plán výuky cizích jazyků", SYKA.cz. [https://www.syka.cz/files/narodni_plan_vyuky_ciz_jaz.pdf]

和跨文化交流技巧。此外，大学还开设了多语种的选修课程，并将多语言能力作为毕业生就业竞争力的重要指标。

通过这些具体的举措，捷克外语教学在逐步克服现有挑战的同时，也在不断提升教学质量和学生的语言能力，为培养具有国际视野和多语言能力的人才奠定了坚实的基础。

4. 捷克外语教育的改革及未来

如上文所述，捷克的外语学习在宗教改革、世界大战及政坛变迁中历经多次被动性改革。而在当前政局稳定的情况下，如何使经受过天鹅绒革命前的上一代人及他们影响下的青壮年一代转变教育观念，以更好地融入欧盟并形成统一的价值观，是对教育，特别是外语教育改革的核心。

根据捷克政府 2001 年发布的白皮书，加入欧盟前及之后一段时间中，捷克的外语教学主要分为三部分，即义务教育的外语教学、高等教育的外语教学、成人教育的外语教学。而 2007 年，捷克政府又制定了新的外语教学框架，即框架教育计划（RVP），意在逐步取代现有的中小学外语教学。

框架教育计划偏向于将文法学校中外语学习的内容提前推广到义务教育阶段，使学生们能够更早地融入欧盟，减少与欧盟其他国家间的文化和语言障碍，并与文法学校的教学形成连贯性。同时，该计划也会避免因义务教育阶段学生转学带来的外语教学断档。正如前文提到，每个学校的校长在对待外语教学上拥有很大的自主权。框架教育计划要求学校保证学生进入文法学校或是中等职业学校时达到某种外语 A2 级别的要求。

《2017—2022 年语言教育构想（*Koncepce jazykového vzdělávání 2017–2022*）》在上述框架教育计划的基础上制定。作为最新的外语教学类文件，该构想的长远目标是加强学生的外语交际能力并为未来的外语教师并确保良好且合适的语言教育先决条件。这一文件的提出与全球化的进程密不可分。在全球化的进程下，不仅是欧盟，全世界的合作和交流都日益频繁。而语言作为交流的工具，外语教学的地位被再一次提高。

捷克共和国政府于 2020 年批准的《2030+ 捷克共和国教育政策战略》中强调："教育目标是培养个体具备基本和必不可少的技能，并有动力在动态变化的世界中最大限度地发挥其潜力，以利于他或她自己的发展，造福他人，造福于整个社会的发展。我们希望以一种不助长不平等发展的方式建立教育系统，促进所有学生和学生获得优质的教育，无论他们的个人特征或他们所处的社会经济条件如何。必须减少学习者的成绩成果对其父母社会地位的依赖，并减少地区之间和学校之间在教育质量方面的差距。我们还打算更加强调教育的个性化，以开发每个人的潜力。"

5. 中文在捷克语外语教育中的地位

近年来，随着中国在国际事务中的影响力不断上升，中文逐渐在捷克的外语教育中获得了一定的关注。然而，与捷克学生对英语、德语等传统外语的高度重视相比，中文的普及程度仍然有限。甚至在亚洲语言学习的选择上，捷克人对日语和韩语的兴趣远高于中文。

在捷克的高等教育领域，部分大学已经开始提供中文课程。例如，查理大学和马萨里克大学等高校已开设了中文语言课程和亚洲研究相关的学术项目，旨在为学生提供对中国语言和文化的基础理解。然而，尽管这些课程为学生了解中国文化提供了机会，但总体而言，选修中文的学生人数相对较少。

与中文形成鲜明对比的是，日语在捷克的外语教育中表现出更高的受欢迎度。许多捷克学生对日本的文化、饮食以及动漫等方面有着浓厚的兴趣，这种兴趣直接转化为对日语学习的需求。因此，日语在捷克的部分高校和语言机构中成为更为流行的选择。

在中小学阶段，中文课程的引入仍处于初步阶段，推广的范围较为有限。虽然一些学校通过文化交流活动，如"汉语桥比赛"和中国文化节，尝试激发学生对中文的兴趣。

此外，中捷之间的教育交流项目，如孔子学院的设立和汉语水平考试

（HSK）的推广，为中文学习提供了额外的支持。然而，尽管这些项目为捷克学生提供了学习中文的机会，其影响力仍然相对有限。

结合前文所述，尽管中文在捷克的外语教育中已经开始获得一定的关注，但其地位和普及程度尚不及日语。随着中捷关系的进一步发展，中文在捷克的外语教育中或将逐步获得更多的重视。然而，当前捷克人对日语的浓厚兴趣表明，中文在该国的推广仍需面对诸多挑战，如提高师资力量、增加文化活动的吸引力等。未来中文在捷克的外语教育中能否占据更重要的地位，将取决于多方面因素的共同推动。

6. 结语

捷克作为位于欧洲中心的内陆国家，历经千年历史的兴衰，其接受外来文化影响的程度呈现出螺旋上升的趋势。无论是中世纪的罗马教廷文化、神圣罗马帝国与奥匈帝国主导的德意志文化，还是苏联文化以及现如今欧盟共融共生的文化，都在不同程度上影响了捷克人的外语学习方向和深度。与美英主导的英语文化圈、中东伊斯兰教的阿拉伯语文化圈以及中国影响下的东亚文化圈不同，西斯拉夫文化圈的捷克、斯洛伐克和波兰在历史上并未经历绝对的强盛时期。尽管捷克在查理四世时期曾作为神圣罗马帝国的核心，但这一地位未能维持超过两百年，之后被哈布斯堡王朝及奥匈帝国统治，直至第一次世界大战结束。这种历史背景限制了捷克文化的传播，使其在外语学习方面更多地处于被动接受的地位，而非像传统强势文化圈那样主动学习外语并将其为己所用。

捷克外语教育的历史与现状反映了文化交融与时代变迁的深刻印记。从拉丁语在中世纪教育中的主导地位，到近现代英语逐渐成为主流外语，捷克的外语教学沿革揭示了教育政策与社会需求之间的动态互动。捷克的语言政策和外语教学实践，不仅受到其独特的地理位置和历史背景的影响，也与欧盟的语言政策和全球化进程紧密相连。

捷克政府将外语教育视为提升国民素质、增强国际竞争力的关键，通过《框架教育计划》等政策文件，推动了外语教育的普及与发展。在学前教育阶段，捷克鼓励幼儿园开展外语教学，尽管资源和教师培训仍有待加强。义务教育阶段，外语教育成为必修课，学生从小学三年级起便开始系统学习外语，英语和德语是最受欢迎的选择。文法学校和中等职业学校进一步强化了外语教学，旨在培养学生的跨文化交流能力和专业语言技能。

捷克的外语教育体系在不断进步，但也面临着教师资源分布不均、教学现代化水平有待提高、学生学习动机下降等挑战。为应对这些问题，捷克政府和教育机构采取了一系列措施，包括提供经济支持和职业激励以吸引外语教师、推动数字化教育改革、加强国际交流与合作等。

中文作为捷克外语教育中的新兴语言，虽然受到的关注逐渐增加，但与英语、德语等传统外语相比，其普及程度和学习者数量仍有较大差距。捷克与中国之间的教育交流项目，如孔子学院和汉语水平考试（HSK），为中文学习提供了支持，但其影响力和吸引力仍需进一步提升。

捷克政府将外语学习作为提升国民素质的重要手段，使其国民在不断丰富知识的同时，也增强了捷克在欧盟内的影响力。这种策略为捷克这样的小国在国际舞台上谋求更大影响力提供了有效路径。正如教育家夸美纽斯所说，外语是认识世界的工具。捷克外语教育政策的优点值得我们深入学习与借鉴。

展望未来，捷克的外语教育将继续在全球化的背景下发展，不断适应新的社会需求和国际趋势。捷克政府和教育机构的纲领性文件表明，捷克将继续提升外语教育的质量，培养出更多具备国际视野和多语言能力的人才，在国际舞台上的积极参与文化交流，对世界发展做出贡献。捷克的外语教学改革经验也可为我国的外语教育事业提供了宝贵的借鉴和启示。

斯洛伐克的外语教学沿革与现状

张 岚①

摘要： 掌握一门外语对学生的全面发展和继续教育具有重要意义。培养外语交流能力可以加深学生对本国和其他国家文化的了解，在高度全球化的今天为他们积极、主动、灵活、开放地走向世界创造条件。国土面积不大但与地区及世界融合度很高且自身拥有独特语言优势的斯洛伐克，对外语教学在传统观念和实际行动方面一贯均持积极支持的态度，并在不同历史时期根据世界及自身的各种变化、条件对外语教学政策及时作出适时调整和优化。不同国家或地区间外语教学的互学互鉴在全球化大背景下本身就是跨国家、民族、文化交际的重要组成部分。

关键词： 斯洛伐克、语言政策、外语教学

1. 引言

在 1993 年 1 月 1 日起成为独立主权国家的斯洛伐克共和国有一句谚语 "Koľko jazykov vieš, toľkokrát si človekom"，字面直白的意思为 "你会多少种语言，你就做过几次人"，这句谚语实际上从侧面印证了外语学习或教学的一个核心理念，即外语学习或教学并不应仅以掌握外语为目的，而是除了这个目的外，还要学习或教授语言背后的逻辑、思维方式、价值观及其传承的文化。

---

① 作者：张岚，女，（斯洛伐克）马杰贝尔大学博士，北京第二外国语学院德捷斯斯（德意志—捷克—斯洛伐克—斯洛文尼亚）系斯洛伐克语教研室讲师。

地处欧洲中部的斯洛伐克，由于地理位置以及历史原因，其国内的语言情况相对比较复杂。后又随着世界格局以及斯洛伐克自身的发展变化，其国内的语言政策以及外语教学情况也在不同阶段发生了相应的变化。本文在对其语言政策以及外语教学沿革进行简略梳理的基础上，主要采用资料收集法介绍其外语教学的现状以及未来所面临的问题和可能采取的相应措施，并借此思考中斯外语教学互学互鉴以及未来外语教学发展的可能性。

2. 斯洛伐克的基本语言政策和外语教学沿革

2.1. 斯洛伐克基本语言政策

《斯洛伐克共和国宪法》①规定，斯洛伐克语是斯洛伐克共和国的国语以及斯洛伐克全境的官方语言。同时为了保护少数民族的利益以及践行欧盟保护语言文化多样性的理念，其他相关法律也明确规定了在斯洛伐克境内有九种语言属于少数民族语言，即保加利亚语、捷克语、克罗地亚语、匈牙利语、德语、波兰语、罗姆语、卢森尼亚语和乌克兰语，这九种少数民族语言在斯洛伐克境内法定地区以及人群中可以代替斯洛伐克语作为官方语言、教育语言以及日常交流语言。②而这九种少数民族语言中，除匈牙利语、德语和罗姆语外，其他六种语言与斯洛伐克语均属印欧语系斯拉夫语族，在某种意义上来讲，这六种语言对母语为斯洛伐克语的人来讲基本不能算是外语，至少与我们国人平时理解的外语概念是有明显区别的。而另属其他语系或印欧语系其他语族的三种语言中，匈牙利语和罗姆语从使用人数、使用范围以及实用程度等方面都与德语存在一定差距，因此，在斯洛伐克，上述九种在我们国人眼中显而易见的外语只有德语在被作为少数民族语言的同时也作为外语，而与德语一起被视为重要外语的语言还

---

① "Ústavný zákon č. 460/1992 Zb.", Zakonypreludi.sk. [https://www.zakonypreludi.sk/zz/1992-460]

② "Zákon č. 184/1999 Z. z.", Zakonypreludi.sk, 1999-07-24. [https://www.zakonypreludi.sk/zz/1999-184]

有英语、法语、西班牙语、俄语以及意大利语。

2.2. 斯洛伐克外语教学沿革

如果回顾一下遥远的历史，如罗马天主教会在历史上的重要影响以及拉丁语在人文主义时期的强大影响力，一个国家出于政治原因偏爱某种外语实际上是一种常见的历史现象，而这种现象在斯洛伐克这片土地上也不例外。1918 年奥匈帝国解体前，当时斯洛伐克地区就曾出现匈牙利语化和德语化的交替现象，而究其原因无外乎就表现在两个方面，即历史方面和地理位置方面。从历史方面看，现今斯洛伐克的领土在当时处于匈牙利控制的外莱塔尼亚这部分，而从地理位置方面来看，斯洛伐克是与奥地利且是与其首都维也纳直接接壤的。这种现象随后也并未随着奥匈帝国的解体发生实质性的转变，并且一直持续到第二次世界大战结束。

二战结束后，随着社会制度的改变，斯洛伐克境内的外语情况也发生了第一次重大的变化，俄语成为最重要的外语。1948 年，捷克斯洛伐克共和国通过《学校法（Školský zákon）》，开始实行统一的教育制度。该法除明确规定斯洛伐克语作为斯洛伐克境内所有学校的教学语言外，还规定了俄语成为中小学第一必修外语，[①] 而德语、英语、法语以及其他语言可作为第二必修或选修外语，且大多在初中或高中阶段才开始教学。

俄语作为第一外语的地位在斯洛伐克一直保持到 1989 年，随着斯洛伐克社会制度的再一次变革，斯洛伐克外语教学的格局也发生了又一次重大转变，但相较于历史上外语情况转变的紧密衔接，即随着社会变革，一种外语立刻取代原有外语地位的情况，1989 年后很长一段时间内，因为斯洛伐克政治、经济等方面均处于"阵痛期"，斯洛伐克外语教学反而经历了一段相对自由的短暂时期。但在大多数斯洛伐克中小学，德语重现往日辉煌，再一次成为首选外语，且此时期外语教学目的也与之前大受政治影

---

① "Rozvoj školstva na území Slovenska", SZM.com. [https://historia.szm.com/dejinyskolstva/vseobecne.htm]

响不同，开始逐渐向语言教学本身转变，即真正为学生提供高质量的外语教育。①

进入 21 世纪，随着斯洛伐克成为独立主权国家后各方面经历了约 15 年的重新建立、发展以及改革，加之所受世界整体格局、地缘政治以及斯洛伐克加入各种地区性组织等因素的影响，斯洛伐克的各项政策也因此而改变。其中体现在外语教学方面的一个重大转变，便是英语作为外语的地位出现了前所未有的提升。2008 年，斯洛伐克国民议会对《教育法》以及相关补充法案（*Zákon o výchove a vzdelávaní a o zmene a doplnení niektorých zákonov*）② 作出了修订，明确规定斯洛伐克小学生从 2011—2012 学年起，最晚从小学三年级开始将英语作为第一也是唯一一门必修外语来学习，而从七年级起，可以从德语、法语、俄语、西班牙语或意大利语中再选一门作为第二外语。同时，新修订的该法还对学生对外语的掌握程度作出了明确说明，即熟练掌握英语和至少一门其他外语。这一系列外语教学改革操作也直接与斯洛伐克加入欧盟后践行语言文化多样化理念密不可分。每年 9 月 26 日的"欧洲语言日"，斯洛伐克都会积极响应欧盟的号召，在其境内开展与语言相关的不同活动。2019 年，鉴于新的国际形势、欧盟内部对语言文化多样性更加大力倡导以及尊重个人选择等方面的因素，斯洛伐克教育、科学、研究和体育部决定取消英语作为第一必修外语的规定，从 2019 年 9 月起，学生可以从英语、德语、法语、俄语、西班牙语和意大利语中自由选择任何一种语言作为第一外语。③ 但是从目前已有研究来看，

---

① Lucia Šukolová: "Postavenie nemeckého jazyka na Slovensku po roku 2011", *Cudzie jazyky v premenách času X: Zborník príspevkov z medzinárodnej vedeckej konferencie v Bratislave*, 195–203, Bratislava: Vydavateľstvo EKONÓM, 2022.

② "245/2008 Z. z.", Slov-lex.sk, 2008-05-22. [https://www.slov-lex.sk/pravne-predpisy/SK/ZZ/2008/245/]

③ "Výučba cudzích jazykov prešla zmenou", Pravda.sk, 2019-08-31.[https://uzitocna.pravda.sk/vzdelavanie/clanok/524290-vyucba-cudzich-jazykov-presla-zmenou/]

英语在斯洛伐克作为第一外语教学的实际情况还将会持续。①

3. 斯洛伐克外语教学现状

3.1. 斯洛伐克外语教学"数"的成果

斯洛伐克 2021 年人口普查数据显示，截至 2021 年 1 月 1 日，斯洛伐克共有人口 5449270 人，其中完成基础教育的人口数量为 924608，占比 16.97%；完成中等教育（包括参加毕业考试和未参加毕业考试）的人口数量为 2391325，占比 43.88%；完成高等教育的人口数量为 1001446，占比 18.38%，这三项人口占比已达 79.23%。除此以外，还有占比 11.44% 的 623199 名尚未开始义务教育或在读的、年龄在 0—14 岁的婴幼儿以及青少年；占比 4.91% 的 260701 人在完成中等教育后又接受了高级专业技能培训。② 结合前文所提到的斯洛伐克外语教学沿革历史可以推测，至少掌握一门主要外语的人口占比在斯洛伐克不低。而欧盟统计局最新的调查结果也在一定程度上佐证了上述推测。2023 年 10 月 3 日，欧盟委员会官网发布了一则关于欧盟统计局对欧盟成员国在校生外语学习情况调查的相关新闻，2021 年全欧盟境内至少学习一门外语的小学生、初中生和高中生所占比例分别为 86.3%、98.5% 和 91%，而在读接受高等教育的学生学习两门或两门以上外语作为必修课或必修课程一部分的占比为 61%。该新闻同时也公布了斯洛伐克的一项统计数据，即 99% 的斯洛伐克高中生学习两门或两门以上外语，而在此项数据超过斯洛伐克的欧盟国家只有两个——卢森堡和法国。③

① Terézia Ondrušová, Magdaléna Paté, Lucia Šukolová: *Implementácia jazykovej politiky Európskej Únie vo vybraných štátoch*, České Buděojovice: Vysoká škola evropských a regionálních studií, 2022, 34.

② "Obyvatelia - Základné výsledky", Scitanie.sk.[https://www.scitanie.sk/obyvatelia/zakladne-vysledky/struktura-obyvatelstva-podla-vzdelania/SR/SK0/SR]

③ "Koľko jazykov vieš, toľkokrát si človekom", Europa.eu, 2023-10-03.[https://slovakia.representation.ec.europa.eu/news/kolko-jazykov-vies-tolkokrat-si-clovekom-2023-10-03_sk]

　　从前文介绍和上述一些统计数据中不难看出，斯洛伐克对外语教学的重视度非常高，而外语教学结果在学习外语的学生数量以及所学外语数量上也在一定程度上对高重视度作出了积极回应。但是数量上的成功只是一个方面，质量上的成功与否也不应被忽视。

3.2. 斯洛伐克外语教学"质"的问题及应对措施

　　斯洛伐克政府和相关学者对外语教学质量的关注最近几年与日俱增。各方面关注到的问题主要集中在两大方面：外语教学与实践的结合和外语教学方法的改革。

3.2.1. 外语教学与实践的结合

　　实际上，斯洛伐克政府早在2007年9月12日已经公布过外语教学理念。在斯洛伐克教育、科学、研究和体育部官网名为《进一步提高学校外语教学质量》的新闻中，清楚地写明了该理念"将保证每个学生都能接受高质量的语言教育，旨在确保完全中学教育的毕业生能够掌握两门外语，其水平足以让他们充分参与欧洲劳动力市场"。[①] 但研究表明，斯洛伐克接受高等教育的学生的语言教育水平却参差不齐。有些学生使用外语就一般事务进行交流的能力尚可，这是当今斯洛伐克中小学语言教学中采用的现代语言训练的结果。然而，当他们需要用正式的或至少中性的文体进行书面表达时，就会出现巨大的问题，语法、文体、拼写和词汇方面的所有缺陷都立即显现出来；很明显，这是他们的语言培训只是略微涉及一个领域，而且没有定期和持续的反馈。[②] 由于斯洛伐克在欧盟内部属于劳动力输出国，而外语知识已成为在欧盟或全球劳动力市场上申请优质工作的关键必备能力之一，因此斯洛伐克大多数高校都已逐渐把重点放在语言教学与专

---

① "Ďalší krok ku skvalitneniu vyučovania cudzích jazykov v školách", Minedu.sk, 2007-09-12.[https://www.minedu.sk/dalsi-krok-ku-skvalitneniu-vyucovania-cudzich-jazykov-v-skolach/]

② Anna Horňáková: "Cudzí jazyk ako sučasť odbornej prípravy na vykonávanie povolania", *GRANT journal*, 2 (1), 2013, 9–12.

业实践上。但高校的外语教学始终是以中小学外语教学为基础的。2024 年 1 月 3 日斯洛伐克教育、科学、研究和体育部在其官方网站上发布了名为《外语教学分支（*Podoblasť vyučovania cudzích jazykov*）》的文件①，再次明确将英语、法语、德语、俄语、西班牙语和意大利语六种语言作为主要第一或第二外语。在介绍分支特点时特别强调，"外语教学分支以实践为导向，强调在贴近学生生活的日常情境中使用外语。在教学中采用以学习者为中心的方法，使教学适应学生的需要，尊重他们的发展和个性特点"，同时还对外语教学的目标进行了明确说明，包括（让学生）恰当使用外语，达到交际目的；轻松地与他人交流信息；使用外语作为获取知识和信息的手段；对外语学习充满动力和积极态度；使用适当的外语学习策略以及对语言和文化多样性持开放态度等。该文件的主体部分对标《欧洲语言共同参考框架》，从输入、产出和互动三个方面对以上六种外语不同教学阶段的内容以及标准作了详细说明。

3.2.2. 外语教学方法改革

斯洛伐克外语教学有两种传统方法，即以了解并掌握语法规则体系、掌握词汇、培养抽象思维能力为目标的语法翻译法和以培养交际能力，特别是听说能力为目标的听说—视听法。② 前者主要采取的教学方式为，从语法角度分析外语文章，然后将其翻译成目标语言；后者则主要重复模式句子和结构。两种教学方法都有明显弊端，前者忽视听说能力，后者受行为理论和结构主义语言学的影响，注重重复和模仿，但缺乏真实文本或交际情景，同时两种方法都忽略了语言的交际功能。因此在全世界范围影响较大的外语教学法——交际法在斯洛伐克外语教学也扮演越来越重要的角色。而教学法的相应改变也与上述斯洛伐克劳动力在语言方面融入欧盟以

---

① "Podoblasť vyučovania cudzích jazykov", Minedu.sk, 2024-01-03. [https://www.minedu.sk/podoblast-vyucovania-cudzich-jazykov/]

② Monika Šajánková: "Vplyv komunikačného jazyka vo vyučovaní nemčiny na rozvoj jazykovej kompetencie", Uniba.sk. [https://fphil.uniba.sk/fileadmin/fif/katedry_pracoviska/kmjl/2022__APVV_M.Sajankova_01.pdf]

及全球市场的目标相契合。此外，由于科技发展以及近几年的大流行病等因素，多媒体（辅助）教学法也逐渐进入斯洛伐克相关学者的研究视线。[①]

除了以上两大方面，政府和相关学者对其他和外语教学相关的问题，如外语教学的师资力量[②]、心理学与外语教学的关系[③]以及单一具体外语教学的某一具体方面等也有所关注。

4. 讨论与结语

熟练掌握一门外语不仅意味着个人在实现自我目标的过程中更好地克服各种障碍，激发个人终身学习的热情，提高自己相关专业的知识和技能，还意味着可以帮助推动社会进步，克服人与人之间、民族与民族之间、国家与国家之间的各种交流障碍，促进跨地域、跨文化交流。在全球化大背景下，尽管面临着各种高科技的挑战，但外语教学在任何国家都显得比以往更加重要。各种与语言相关的设备、软件以及应用在现阶段都缺少人类特有的人文素养，因此，在各种高科技手段方法的辅助下，外语教学的目的也不能再仅仅局限于教会学生某一种语言，而更在于，引导他们学会避免对其他文化产生成见，或打破已有的成见，并对文化和种族多样性持开放态度。

中国与斯洛伐克在历史、政治、社会、经济、价值观等很多方面都有着巨大的差异，但这些都并不妨碍双方在外语教学方面互学互鉴，共同发展。例如，斯洛伐克的外语教学始终是以欧美主要语言为中心的，亚洲、非洲语言却很少涉及，而从更宏观的语言文化多样化的角度来说，这是需要改善的，当然这要取决于斯洛伐克其他方面同相应国家的联系交流以及

---

① Ingrid Kunovská: "Média a mediálna kompetencia vo výučbe cudzích jazykov", Pulib. sk.[https://www.pulib.sk/web/kniznica/elpub/dokument/Kozelova2/subor/Kunovska.pdf]

② Katarína Fedáková: "Pregraduálna príprava cudzích jazykov učiteľov a cudzích jazykov", *Edukácia*, 2 (2), 2017, 47–51.

③ Gabriela Lojová: "Súčasné smerovanie v psychológii učenia sa a vyučovania cudzích jazykov", *Philologia*, 31 (1), 2021, 7–20.

自身各项政策的重心。但是未来斯洛伐克如果发展其他外语教学，中国已有的一些经验也可供其参考。再如，和斯洛伐克外语教学相似，中国的外语教学同样也面临着语言学习与最终应用实践相结合的问题。目前，在国际和国内现有条件下，以语言技能训练为主、目标国家文化为辅的传统教学理念已无法满足新时代外语人才培养的要求，掌握一种语言的单一人才难以适应市场需求的弊端早已逐年显现，甚至外语类大学毕业生已成为找工作的"困难群体"，唱衰外语专业导致外语类院校分数断崖式下跌的情况愈演愈烈。这种现象在中国之前的各个时期都没有出现过。如果说外语教学在过去的各个历史阶段都是走在国家发展变化前面或至少与其同步的话，那么现在我们的外语教学就确实显得滞后于国家的发展变化。因此，打破传统外语教学内容、革新或摒弃传统外语教学方式方法、提升外语教职人员的知识和素养，或许才是最应该被关注的方面。另外，随着跨文化交流活动的深入开展，培养一大批能够融通中外文化、增进文明交流互鉴，讲好中国故事，传播好中国声音，让世界更好读懂中国的高素质外语人才的时代需求，也为我们指明了一定的教学方向：语言教学要引导学生对人类命运共同体这一宏大概念产生深切关怀，厚植新时代家国情怀成为复合型外语人才的必备核心素养。